福祉現場の
トラブル・
事故の
法律相談Q&A

弁護士
平田 厚 著

清文社

はじめに

　前著『高齢者福祉サービス事業者のためのQ&A苦情・トラブル・事故の法律相談』が刊行されたのは、平成19（2007）年1月のことであり、すでに8年以上が経過したことになります。前著は、高齢者福祉に関する苦情・トラブル・事故について、筆者が受けた典型的な質問を、101のQにまとめて回答したものでした。

　8年以上前となると、まだ社会福祉基礎構造改革が始まったばかりという時期でしたし、できるだけ多くの質問についてコンパクトに要件を示すべきではないかと考えて、回答を執筆しました。しかし現在は、障害者福祉の分野では障害者虐待防止法や障害者総合支援法などが制定され、児童福祉の分野では親権法改正や児童虐待防止の試みが広く行われるようになっています。

　そこで本書では、高齢者福祉分野にとどまらず、広く福祉現場でのトラブルや事故を取り上げ、具体的な問題についてできるだけ詳細に解説したほうがいいのではないかとの目的から、Qの数を50に絞り、解説部分をより充実させました。そのような意味では、前著の新版的な内容ではなく、姉妹編的な内容といえるのではないかと思います。

　筆者は、明治大学法科大学院で民法を担当している教員であり、福祉分野を含めて幅広く法的な問題に対応している弁護士でもあります。筆者が判断能力の不十分な方々の権利擁護に関わってきて、すでに20年以上が経過したことになりますが、筆者の視点は、民法を中核とした法的な問題点について、実際の法的紛争過程ではどのように考えられるか、というものになっています。

　筆者自身、福祉現場の実態を知らないわけではありませんが、現場特有のご苦労があること自体についてはあまり詳しくないかもしれません。そ

ういう意味では、本書は、「法律家から見た現場のトラブル・事故に対するアドバイス」になろうかと思います。

　筆者の考え方が定まっていない部分もあるため、解説が十分ではない個所もあるかとは思いますが、福祉現場で日夜がんばっていらっしゃる施設長・職員の方々、障害等のためになかなか解決できない悩みを抱えていらっしゃる福祉サービスの利用者・その家族の方々、さらに、福祉に関して支援を行っている専門職の方々にとって、少しでも参考になることがあれば、筆者としては幸いです。

　本書が成立するにあたっては、前著と同様、清文社の村本健太郎氏のお世話になりました。感謝申し上げます。

　平成27年4月

平田　厚

目次

はじめに

第1章 福祉サービス契約と現場のトラブル

Q1 契約の成立と現場のトラブル …………………………… 3
1. 判断能力と福祉サービス契約　4
2. 判断能力の調べ方　5
3. 家族による代理契約　7
4. 成年後見人による代理契約　8
5. 成年後見人による医療同意・死後事務　10
6. 成年後見開始審判の申立権者　12

Q2 契約の拒否と現場のトラブル …………………………… 14
1. 身元引受人と福祉サービス契約　15
2. 身元引受人を要求するモデル契約書　15
3. 身元引受人がいない場合の契約拒否　17
4. 身元引受人に代わる措置　19
5. 家族との関係性の確認　20

Q3 契約の内容と現場のトラブル …………………………… 22
1. 福祉サービス契約の内容　23
2. 介護保険サービス契約書の体制　24
3. 障害者総合支援サービス契約書の体制　25
4. インフルエンザによるサービス提供不能　26
5. 同意による清拭への切替え措置　27

Q4　契約の終了と現場のトラブル　……………………………29
1. 福祉サービス契約の終了　30
2. 死者の私物の去就　30
3. 私物の内容による区別　31
4. 相続人不存在の手続き　32
5. 事務管理による処分　34

Q5　介護事故と現場のトラブル　………………………………37
1. 介護事故の危険性と施設（法人）の責任　38
2. 介護事故と現場担当者の責任　39
3. 介護事故と施設長の責任　40
4. 介護事故と利用者の権利擁護　41
5. 介護事故とリスクマネジメント　42

第2章　権利擁護と現場のトラブル

Q6　プライバシーと現場のトラブル　……………………………47
1. 異食行動と見守りの限界　48
2. 異食行動による窒息と責任　48
3. 異食行動の予防と対応　49
4. 監視カメラによるプライバシー侵害　50

Q7　個人情報と現場のトラブル　………………………………52
1. 個人情報保護法の考え方　53
2. 個人情報保護法の概要　54
3. 社会福祉事業と個人情報・プライバシー情報　56
4. 緊急連絡網と個人情報保護　57

Q8　身体拘束と現場のトラブル　………………………………60
1. 身体拘束と個人の尊厳　61

- **2** 家族の意向と身体拘束の禁止　62
- **3** 家族の意向に反するリスク　63
- **4** 身体拘束の禁止とその例外　63

Q9　人格の尊重と現場のトラブル　65
- **1** 利用者の人格の尊重　66
- **2** 利用者と事業者の対等性　66
- **3** 「いやなら出ていけ」という発言の非論理性と違法性　67
- **4** 対等性を確保するための法的制度　69

Q10　職員の態度と現場のトラブル　70
- **1** 職員の態度と利用者の尊厳　71
- **2** 職員の態度に対する苦情　72
- **3** 利用者との対等性の回復　72

第3章　虐待問題と現場のトラブル

Q11　児童虐待防止法と現場のトラブル　77
- **1** 児童虐待防止法の概要　78
- **2** 児童虐待防止法の問題点　80
- **3** 保育所における虐待問題への対処　82

Q12　高齢者虐待防止法と現場のトラブル　84
- **1** 高齢者虐待防止法の概要　85
- **2** 高齢者虐待防止法の問題点　87
- **3** 高齢者虐待への早期介入　88
- **4** 成年後見制度による支援　89

Q13　障害者虐待防止法と現場のトラブル　91
- **1** 障害者虐待防止法の概要　92
- **2** 障害者虐待防止法の問題点　95

- 3 虐待行為への対応　96
- 4 苦情解決制度による解決　97

Q14　虐待の定義と現場のトラブル　99
- 1 虐待問題と虐待防止法　100
- 2 虐待に関する認識のズレ　100
- 3 虐待対応のズレが生むもの　101
- 4 社会福祉の現場では何をすべきか　102

Q15　虐待の防止と現場のトラブル　104
- 1 虐待防止法制の意味　105
- 2 虐待事件の再発防止法　105
- 3 虐待事件の事前予防　106
- 4 生活困窮者自立支援法による虐待予防　107
- 5 虐待の予防に何が必要なのか　107

第4章　労務管理と現場のトラブル

Q16　利用者の暴行と現場のトラブル　111
- 1 労働者に対する安全配慮義務　112
- 2 認知症の利用者と不穏な場合の対処　112
- 3 東京地方裁判所―平成25年2月19日判決の事例　113
- 4 特別養護老人ホームにおける職員への安全配慮義務　114

Q17　利用者の差別と現場のトラブル　115
- 1 障害者差別解消法の概要　116
- 2 東京地方裁判所―平成25年4月22日判決の事例　118
- 3 合理的配慮をどのように考えるべきか　119

Q18　職員の病気と現場のトラブル　122
- 1 労働契約と職員の病気　123

- **2** 職員の病気による労務提供不能　123
- **3** 配置転換の可能性と解雇　124

Q19　職員の怠慢と現場のトラブル　125
- **1** 労働契約と職員の怠慢　126
- **2** 職員の怠慢を理由とする解雇　126
- **3** 解雇の可能性　127

Q20　職員の犯罪と現場のトラブル　129
- **1** 労働契約と職員の犯罪行為　130
- **2** 社会福祉施設と私生活上の犯罪行為　130
- **3** 懲戒解雇の可能性　131

第5章　介護事故と最近の裁判例

Q21　高齢者施設での転倒事故①　135
- **1** 福岡高等裁判所―平成19年1月25日判決　136
- **2** 福岡高裁判決のポイント　137

Q22　高齢者施設での転倒事故②　139
- **1** 東京地方裁判所―平成24年3月28日判決　140
- **2** 東京地裁判決のポイント　141

Q23　高齢者施設での転倒事故③　143
- **1** 東京地方裁判所―平成24年7月11日判決　144
- **2** 東京地裁判決のポイント　146

Q24　高齢者施設での転落事故　148
- **1** 東京地方裁判所―平成12年6月7日判決　149
- **2** 東京地裁判決のポイント　150

Q25　高齢者デイサービスでの転倒事故　152
- **1** 横浜地方裁判所―平成17年3月22日判決　153

2 横浜地裁判決の問題点　154

Q26　高齢者ショートステイでの転倒事故①　157
1 大阪高等裁判所——平成18年8月29日判決　158
2 大阪高等判決のポイント　159

Q27　高齢者ショートステイでの転倒事故②　161
1 東京地方裁判所——平成24年5月30日判決　162
2 東京地裁判決のポイント　164

Q28　高齢者ホームヘルプ中の転倒事故　165
1 東京地方裁判所——平成17年6月7日判決　166
2 東京地裁判決のポイント　167

Q29　高齢者グループホームでの転倒事故　169
1 神戸地方裁判所伊丹支部——平成21年12月17日判決　170
2 神戸地裁伊丹支部判決のポイント　171

Q30　高齢者施設での入浴事故　173
1 岡山地方裁判所——平成22年10月25日判決　174
2 岡山地裁判決のポイント　175

Q31　高齢者施設での熱傷事故　177
1 東京地方裁判所——平成25年1月30日判決　178
2 東京地裁判決のポイント　180

Q32　高齢者施設での誤嚥事故①　181
1 東京地方裁判所——平成19年5月28日判決　182
2 東京地裁判決のポイント　183

Q33　高齢者施設での誤嚥事故②　185
1 松山地方裁判所——平成20年2月18日判決　186
2 松山地裁判決の問題点　187

Q34　高齢者施設での誤嚥事故③　189
1 大阪高等裁判所——平成25年5月22日判決　190

 2 第一審の神戸地裁の判断　190
 3 控訴審の大阪高裁の判断　191
 4 大阪高裁判決のポイント　192

Q35　高齢者ショートステイでの誤嚥事故①　……………………　194
 1 名古屋地方裁判所—平成16年7月30日判決　195
 2 名古屋地裁判決のポイント　197

Q36　高齢者ショートステイでの誤嚥事故②　……………………　199
 1 横浜地方裁判所川崎支部—平成12年2月23日判決　200
 2 横浜地裁川崎支部判決の問題点　201

Q37　障害者施設での転倒事故　………………………………………　204
 1 横浜地方裁判所—平成22年3月25日判決　205
 2 横浜地裁判決のポイント　207

Q38　障害者施設での入浴事故　………………………………………　209
 1 東京地方裁判所—平成18年11月17日判決　210
 2 東京地裁判決のポイント　211

Q39　障害者ホームヘルプ中の誤嚥事故　……………………………　213
 1 名古屋地方裁判所一宮支部—平成20年9月24日判決　214
 2 名古屋地裁一宮支部判決のポイント　216

Q40　障害者ショートステイ中の死亡事故　…………………………　218
 1 東京地方裁判所—平成24年1月16日判決　219
 2 東京地裁判決のポイント　220

Q41　障害者施設での行方不明事故①　………………………………　222
 1 鹿児島地方裁判所—平成18年9月19日判決　223
 2 鹿児島地裁判決のポイント　224

Q42　障害者施設での行方不明事故②　………………………………　226
 1 福島地方裁判所郡山支部—平成22年11月16日判決　227
 2 福島地裁郡山支部判決のポイント　228

Q43 保育所での転倒事故 ……………………………………… 231
- 1 東京地方裁判所八王子支部—平成10年12月7日判決 232
- 2 東京地裁八王子支部判決のポイント 234

Q44 保育所での死亡事故 ……………………………………… 236
- 1 京都地方裁判所—平成6年9月22日判決 237
- 2 京都地裁判決のポイント 238

Q45 乳児院での死亡事故 ……………………………………… 240
- 1 神戸地方裁判所—平成12年3月9日判決 241
- 2 神戸地裁判決のポイント 243

第6章 介護事故に対する傾向と対策

Q46 予見可能性がないとされた裁判例 …………………… 247
- 1 はじめに 248
- 2 事業者に予見可能性がなかったとして責任を否定した裁判例 249
- 3 予見可能性があったとまではいえないが責任を肯定した裁判例 250
- 4 上記の裁判例をどのように捉えるべきか 251

Q47 回避義務違反がないとされた裁判例 ………………… 253
- 1 開始義務違反がなかったとして責任を否定した裁判例 254
- 2 転倒事故の予防と身体拘束の禁止とを前提として論じる裁判例 255
- 3 誤嚥事故の予防と利用者の人格の尊重 256

Q48 事後対応が不十分とされた裁判例 …………………… 258
- 1 事後対応が不十分とされた裁判例 259
- 2 事後対応に関する準備体制 260

Q49 介護事故リスクマネジメントの方法 ………………… 262
- 1 介護事故リスクマネジメントの方法 263
- 2 利用者の状態把握 263

3 事業者の取組み　264
　　4 事業者側の対応方法　265
Q50　介護事故リスクマネジメントの具体化 …………………… 266
　　1 ヒヤリ・ハット・マップという工夫　267
　　2 ヒヤリ・ハット・マップに基づく対応策　268
　　3 ヒヤリ・ハット・マップの功罪　269

　索　引 ……………………………………………………………… 271

```
──────── 凡　例 ────────
最　　判……最高裁判所判決
福岡高判……福岡高等裁判所判決
東京地判……東京地方裁判所判決
民　　集……最高裁判所民事判例集
判　　時……判例時報
判　　タ……判例タイムズ
```

第1章

福祉サービス契約と現場のトラブル

契約の成立と現場のトラブル

　私は特別養護老人ホームの施設長ですが、今度入所される予定の方とお会いしたところ、判断能力がほとんどないような状態になっています。身近にご家族はおらず、遠方に弟さんがいるようなのですが、ご存命かどうかもわかりません。私としては、当方との入所契約だけでなく、医療措置が必要になったり、お亡くなりになったりしたときのために、成年後見人を選任しておいてもらいたいと思っているのですが、その方の支援者たちは「成年後見人など必要ない」と拒否しています。どうしたらいいのでしょうか。

　判断能力がなければ福祉サービス契約は締結できませんが、成年後見人の選任が必要かどうかについては、柔軟に考えていいのではないかと思います。特別養護老人ホームに入所するためだけに成年後見人が必要だと考えるのはあまり現実的ではありません。医療措置や死後事務のためには、成年後見人が果たせる役割はあまりないのですから、それらを理由に支援者と対立するのも意味がありません。本人の判断能力がどの程度あるのか、本人に必要な事務はどのように達成しうるのかを考えて、本当に成年後見人が必要ならば、市区町村長申立てによって成年後見人を選任すべきでしょう。

Q1 解説

1 判断能力と福祉サービス契約

　高齢者が特別養護老人ホームを利用するには、事業者と福祉サービス契約を締結する必要があります。一般に、契約を締結するにあたっては、契約の意味を理解するに足りる意思能力が必要であって、意思能力を欠いた状態でなされた契約は無効になるものとされています。民法には、そのような条文はありませんが、民法が意思に基づく法律行為について定めており、意思に問題があった場合の条文はさまざまに規定されていますから、そもそも意思能力がない場合に無効となるのは当然であって、条文化する必要もないと考えられたからにほかなりません。ただし、現在進められている債権法改正の提案では、意思能力がない者の行為は無効とするという条文を設けるものとされています。

　意思能力とは、自分のしていることの法的な意味を理解できる能力、つまり、自分がある行為をした場合、その行為の効果としてどのような結果を引き受けなければならないかを理解できる能力のことを指しています。このような意思能力については、成年後見開始審判をなすにつき、「精神上の障害により事理を弁識する能力を欠く常況にある」ことが必要だとされていますから（民法7条）、この事理弁識能力が意思能力にほかならないものとされています。そして、事理弁識能力のことを古くから、判断能力と呼び習わしてきたのです。

　それでは事理弁識能力とは、どの程度の能力を指すのかというと、民法には具体的な基準が示されていません。しかし、自分のしていることの法的な意味を理解できるのは何歳くらいからなのかと考えると、一般的には、小学生になった7歳程度の知的な判断能力が目安になるものとされていま

す。したがって、特別養護老人ホームの利用契約を締結するには、7歳程度の知的な判断能力が必要ということとなりますが、認知症などによってそのような判断能力がない場合には、特別養護老人ホームの利用契約を締結できないことになってしまいます。法的に厳密に言えば、判断能力がまったくなければ成年後見人が契約を代理するしかありません。もっとも判断能力がまったくないのではなく、判断能力が低くても残存しているのであれば、契約を締結できないわけではありません。

2 判断能力の調べ方

　本人の行動や言動などから、判断能力の有無についてまったく疑義が生じなければ、判断能力を調べる必要もありません。しかし、疑義が生じるような場合には、本人の判断能力の有無について、調べてみる必要があるでしょう。成年後見開始審判をなすにあたっては、基本的に精神鑑定によって判断能力の有無を調べることとされています。しかし、特別養護老人ホームの利用契約を締結するにあたって、いちいち精神鑑定を行わなければならないとするのは非現実的です。高齢者の認知症による判断能力の低下を調べるには、さまざまな知能検査法がありますが、長谷川式簡易スケール（正式名称は「長谷川式簡易知能評価スケール」）を使用するのが便利かと思います。

　長谷川式簡易スケールは、長谷川和夫先生がつくられた簡易知能検査です。その内容は、以下の①〜⑨のようなものです。

① 年齢の見当識……「お歳はいくつですか？」
② 日時の見当識……「今日は何年の何月何日ですか？　何曜日ですか？」
③ 場所の見当識……「私たちが今いるところはどこですか？」
④ 言葉の即時記銘……「これから言う3つの言葉を言ってみてくださ

い。あとの設問でまた聞きますのでよく覚えておいてください」
⑤　計算……「100から7を順番に引いてください」
⑥　数字の逆唱……「これから言う数字を逆から言ってください。6－8－2、3－5－2－9」
⑦　言葉の遅延再生……「先ほど覚えてもらった言葉（上記④）をもう一度言ってみてください」
⑧　物品記銘……「これから5つの品物を見せます。それを隠しますので何があったか言ってください」
⑨　言語の流暢性……「知っている野菜の名前をできるだけ多く言ってください」

　評価方法は、各段階の評点があり、合計で30点満点となりますが、20点以下だと認知症の可能性が高いと判断され、15点程度だと中等度の認知症、10点程度だとやや高度の認知症、4点程度だと高度の認知症と評価するものとされています。そうだとすると、長谷川式簡易スケールを試みて、15点程度の点数しかなかったとしても、自分が施設に入所して生活したほうがよいという判断が不可能なわけではないと思います。4点程度の点数しかない場合には、自分が施設に入所して生活したほうがいいかどうかという判断も困難になっているように思われます。そのような場合には、誰かが本人に代わって施設の利用契約を締結するしかありません。

　このような点数に対する判断は、筆者の主観的なものですので、一般性があるわけではありません。もしかすると、筆者の判断は緩すぎるのかもしれません。正確なところは、精神科の先生方に考えていただくしかないでしょう。

　ただし、この検査は、言語性の検査方法なので、言語能力が十分であった高齢者の判断能力が低下してきた局面では非常に有効な検査方法となりますが、幼少時から知的障害や精神障害をもって言語能力をそもそも十分に獲得できなかった人については、他の検査も行わなければ判断能力の有

無を判定できないだろうと思います。なお、長谷川式簡易スケールはとても便利ですが、誰でも簡単にやっていいというものでもありません。長谷川式簡易スケールの注意書きにもあるように、心理学・医学・臨床心理士の方々の指導のもとで使うべきです。

3 家族による代理契約

　ご本人の判断能力がほとんどない場合、家族がご本人を代理して、特別養護老人ホームの利用契約を締結することはできるでしょうか。この点については、誤解があるようですが、家族だからといって当然に法的な代理権限があるわけではありません。民法では、家族の代理権限について、親権者が未成年者の財産管理に関する包括的な代理権を有していることと（民法824条）、夫婦が日常の家事に関して相互に代理権を有していること（民法761条の最高裁判所による解釈）の2つを定めているだけです。

　したがって、家族だからといって、高齢者（母親や父親）の福祉サービス契約の代理権を有しているわけではありません。高齢者に対して成年後見開始審判等がなされ、その家族が成年後見人（親族後見人）に就任することはできますが、成年後見開始審判等がなされていなければ、家族には何の代理権もありません。

　介護保険法や障害者自立支援法（現在は、障害者総合支援法（正式名称「障害者の日常生活及び社会生活を総合的に支援するための法律」）に改正されています）の成立時には、家族や身近な支援者（本人が信頼する者）が本人を代理して契約することができるというような説明がなされたことがありましたが、それはあくまでも事実上のことであって、法的に代理権が付与されているわけではありません。

　民法にも第三者のためにする契約という方式がありますが（民法537条）、第三者のためにする契約とは、契約によって生じる権利を第三者に直接に

帰属させる旨の合意を含む契約です。まぎらわしいのですが、福祉サービス契約を家族等が代行する場合には、家族等が契約の当事者になるのですから、ここでの第三者とは本人のことを指していることになります。ドイツ民法では、他者の合意によって本人の権利がただちに成立し、本人が拒絶の意思表示をなすことによって効力が遡及的に消滅するとしているので、他者による契約が成立して、本人が拒絶すれば契約は無効になります（ドイツ民法328条以下）。しかし、わが国の民法は、本人が債務者に対して受益の意思表示をなすことによって本人の権利が発生すると解されていますから、ドイツ民法とは逆になり、本人の受益の意思表示がない以上、契約は成立しないことになります。

　したがって、家族や身近な支援者が法的な権限なく本人を代理したとしても、その効果が直接本人に及ぶことはありません。ただし、本人のために家族や身近な支援者が契約したとすると、本人にとっては無権代理が行われたことになりますが、それは本人のために事務管理を行ったということにもなりますから、事務管理に基づく費用は本人に請求できることになります（民法702条など）。しかし、事務管理に基づく場合には、本人に報酬を請求することはできません。そういう意味では、家族や身近な支援者が成年後見開始審判等を経ることなく本人を代理して福祉サービス契約を締結したとしても、本人に報酬を請求しようと思っているわけではないでしょうから、事務管理として契約が締結されたと考えても費用の面ではあまり問題はないだろうと思います。

4 成年後見人による代理契約

　成年後見開始審判が行われて成年後見人が選任された場合には、成年後見人は、本人の財産管理につき、包括的な代理権を付与されます（民法859条1項）。したがって、成年後見人は、本人に代わって特別養護老人ホー

ムの利用契約を締結することができます。本問とは直接関連しませんが、ここで成年後見人の権限と職務についてまとめておくこととします。

　成年後見人は、非常に広い代理権を有しています。ただし、本人の行為を目的とする債務を生ずべき場合には、成年後見人は、本人の同意を得なければなりません（民法859条2項による民法824条ただし書の準用）。また、成年後見人が、本人に代わって、その居住の用に供する建物・敷地について売却・賃貸・賃貸借の解除・抵当権の設定などの処分をするには、家庭裁判所の許可を得なければなりません（民法859条の3）。居住用不動産の処分（これがなされると、本人は転居しなければならないことになります）は、本人の心身の状態に及ぼす影響が大きく、財産管理にとどまらない身上配慮が必要な事務だからです。

　成年後見人は、遅滞なく本人の財産を調査し、目録を作成しなければならず（民法853条1項）、目録作成を終わるまでは、急迫の必要がある行為のみをする権限を有するだけです（民法854条）。成年後見人が本人に対して債権を有し、成年後見監督人があるときは、財産調査に着手する前に成年後見監督人に申し出なければならず、債権があることを知って申し出ないときは、成年後見人はその債権を失うものとされています（民法855条、856条）。

　成年後見人がその職務を行うにあたっては、本人の意思を尊重し、かつ、その心身の状態および生活の状況に配慮しなければなりません（民法858条）。この成年後見人の義務は、「意思尊重義務」「身上配慮義務」と呼ばれています。本人の意思尊重義務は自己決定の尊重を定めたものですが、もう一つの身上配慮義務は客観的に本人にとって最適な配慮をしなければならない義務だとすると、自己決定の内容と客観的な配慮とが常に一致するとは限りません。したがって、この不一致を解決するには、本人の意思尊重義務につき、本人の自己決定をそのまま受け入れるのでなく、本人の客観的な状況を把握して、本人とっての最適な配慮がどのようなものであ

るかを判断し、本人とともに新たな自己決定を生み出していく義務であると捉えなければならないでしょう。

　また、成年後見人は、本人の財産を管理するにあたって、善良な管理者としての注意義務をもって行わなければなりません（民法869条による民法644条の準用）。善管注意義務とは、受任者の職業・地位において一般に要求される水準の注意義務を指しています。善管注意義務と身上配慮義務との関係については、立法担当者は、善管注意義務は財産管理全般における一般原則を定め、民法858条は善管注意義務の具体的指針として成年後見人が財産管理権限を行使するにあたって身上に配慮することを定めているものだと説明しています。

　以上のように、成年後見人は、本人のために広い職務権限を有している反面、非常に厳格な義務を負っているのですから、判断能力を失った人にとって、成年後見人が本人を代理して支援することは有意義なことです。しかし、不動産や高価な動産などの大きな財産を処分したりするのではなく、特別養護老人ホームを利用するためだけに、以上のような厳格な法的システムを利用しなければならないのは困るという気持ちもわからないではありません。特にこのような厳格な法的システムを利用するには、家庭裁判所や弁護士などの専門家の協力を得なければならないし、それなりに時間や費用もかかるのですから、なおさらのことだろうと思います。

5　成年後見人による医療同意・死後事務

　それではなぜ事業者側が成年後見人の選任を求めるかというと、質問にあるように、いざというときのために、成年後見人にいてほしいということだろうと思います。何がいざというときなのかについては、一般に、医療措置が必要になったときと本人が死亡したときのことを念頭に置いているものと思われます。

そもそも成年後見人の権限については、医療行為に関する同意権限や死亡後の事務処理権限が含まれるかどうかが問題とされています。医療行為を受けるための前提となる入院契約や診療契約をなすことは、成年後見人の財産管理権限の一環として認められます。したがって、本人が入院するような場合には、成年後見人がいるときのほうが契約は明確になります。もっとも、診療契約をなす場合に本人の判断能力の有無を問題にすることはほとんどないはずです。入院契約の場合に親族の同意が必要だとすることには、法的にはあまり意味がありません。これは、入院費に対する保証の部分を除いて、親族に対する事実上の圧力を意図したものにほかならないでしょう。

　しかし、医療契約後の具体的な医療行為に対する同意については、臓器移植の意思表示、不妊手術の選択、延命治療およびその中止などのように本人のアイデンティティに深く関わる問題の場合、そのような判断は本人にしかなしえない一身専属的なものであって、みだりに成年後見人が代わってなすべきものではないはずです。したがって、それらはそもそも代理に親しまないものとして、成年後見人の存在は必要ありません。その他の医療行為については、医療行為の概念が非常に広汎ですから、その中身を区別して考えるべきです。日常的な医療行為については、成年後見人の身上配慮義務に対応するものとして、本人の推定的同意のもとに成年後見人が本人に代わって判断していいと思われます。

　死亡後の事務処理の権限については、

①　遺体の引取りや埋葬

②　葬儀

③　未払費用の支払い

などが挙げられています。

　①②については、祭祀承継者の権限になるのであって、成年後見人が権限と義務を有しているわけではありません。ただし、祭祀承継者に対する

事務管理として成年後見人が必要事務を行うことはできます（ただし、報酬請求はできないことになります）。祭祀承継者がない場合には、市区町村の役割として本人の祭祀が行われるべきです。

③については、本人に関する生前に行った事務の費用を本人の死後に支払うことができるかという問題ですから、基本的には、支払いをした場合は相続人に対する事務管理として成年後見人が処理しても問題ないでしょう。

以上のように、本人にとって、いざというときのために成年後見人が必要というほどのことはありません。身近な親族がいないような場合には、判断能力が不十分となって代弁してくれる支援者が存在しなければ、施設への入所契約は可能であったとしても、入所後の生活上の不利益を被るおそれがないとはいえませんし、受けている福祉サービスをチェックする意味でも成年後見人の存在は不可欠かと思います。しかし、身近な親族がいて、日常的に生活状況と福祉サービスをチェックできるのであれば、必ずしも成年後見人が不可欠とまではいえないのではないかと思います。

したがって、成年後見人にこだわるのではなく、本人にどの程度の判断能力があるのか、本人の判断能力の低下に応じた支援者の存在を確保できるのか、という観点から考えるべきであって、本人にとって必要な事務が生じるごとに柔軟に考えていけばいいだろうと思います。

6 成年後見開始審判の申立権者

本人が判断能力を喪失しており、法定代理人による代弁的な支援が必要ならば、現状の法制度のもとでは、成年後見開始審判を申立てて、成年後見人を選任してもらわなければなりません。成年後見開始審判の申立権者は、本人・配偶者・4親等内の親族・未成年後見人・未成年後見監督人・保佐人・保佐監督人・補助人・補助監督人・検察官（以上、民法7条）・任

意後見人等（任意後見契約に関する法律10条）ですが、本人の福祉を図るため特に必要があると認められるときには、市区町村長が申し立てることができることとなっています（精神保健福祉法51条の11の２、知的障害者福祉法27条の３、老人福祉法32条の一部改正）。

　本問では、本人と親族との折り合いが悪ければ、申立人となるべき親族がいないかもしれませんので、本人の福祉を図るために特に必要がありますから、市区町村長申立てによる成年後見開始審判の申立てを検討すべきでしょう。

　なお、身近な親族が本人を見守れる環境が整っているのであれば、ずっと成年後見人が必要ということもないのではないかと思います。そうだとすれば、成年後見制度のような継続的な重いシステムではなく、施設入所時や財産処分時（相続放棄なども含みます）のみに裁判所の監督のもとでスポット的に代理人を選任するような簡易な代理支援制度があったほうが有意義だと思います。筆者は、簡易代理制度としてこのような制度の必要性を主張してきましたが、中途半端な制度だとして否定されてきました。成年後見制度の受皿が限界に近づきつつありますので、そのような発想をもう一度検討してみてもいいのではないかと思っています。

Q2

契約の拒否と現場のトラブル

　私は老人保健施設の相談員です。系列病院から老健への入所が決まった方について、身元引受人を引き受けてくれる方がいません。事務局長からは、身元引受人が決まらない以上、入所契約の段取りを進めないように命じられています。入所予定の方には娘さんが三人いるのですが、どの娘さんとも折り合いが悪いらしく、自分が老健に入所することも秘密にしておいてほしいと言われています。ご本人の判断能力は十分にあると思いますが、身元引受人がいないことを理由に入所契約の段取りを止めてしまってもいいものでしょうか。

A

　身元引受人の義務の内容が契約上どのように定められているかはわかりませんが、いずれにしても、身元引受人をつけられないことを理由として福祉サービス契約の段取りを中止することは、福祉サービスの「正当な理由」のない提供拒否に該当し、指定事業者の指定取消事由になりうることになります。したがって、事務局長に対しては、そのような問題があることを説明すべきです。また、本人が娘さんたちに秘密にしてほしいということに関しては、早急に本人の真意を確認すべきです。そして、虐待のおそれなどがない限り、本人に対して今後生じてくるさまざまな手続きの可能性を説明し、家族の協力を得ているほうがスムーズに手続きが進むこともあることを本人に理解してもらうことも必要です。

Q2 解説

1 身元引受人と福祉サービス契約

「身元引受」と「身元保証」は非常によく似た言葉です。福祉サービス契約でも、身元引受人とか身元保証人という用語が使われているようです。身元保証については、「身元保証ニ関スル法律」という法律が定められていますが、この法律で定められている身元保証人とは、雇用関係にある被用者の行為によって使用者の受けた損害を賠償することを約束した人のことを指しています。したがって、福祉サービス契約において定められている身元保証人に関しては、「身元保証ニ関スル法律」の適用はありません。

福祉サービス契約で使われている「身元保証」という言葉は、おそらく本人の費用負担部分の支払いや損害賠償債務などの福祉サービス契約に基づく一切の債務について保証するという意味で使われているのだろうと思います。「身元引受」という言葉は、福祉サービス契約に基づく一切の債務について保証するという意味とともに、施設を退所する場合に責任をもって本人を引き取るという意味や、本人が死亡した場合に遺体、遺骨、残置物などを、責任をもって引き取るという意味でも使われているように思われます。

2 身元引受人を要求するモデル契約書

身元引受人を定める契約条項の具体例としては、たとえば、名古屋弁護士会・名古屋市の作成したモデル契約書では、次のように定められています。

> （身元引受人）
> 1　乙（事業者）は、甲（利用者）に対し、身元引受人を求めることがあります。但し、社会通念上、甲に身元引受人を立てることができない相当の理由がある場合は、その限りではありません。
> 2　身元引受人は、この契約に基づく甲の乙に対する一切の債務につき、甲と連帯して履行の責任を負います。
> 3　身元引受人は、前項の責任のほか、次の各号の責任を負います。
> 　① 　甲が疾病等により医療期間に入院する場合、入院手続が円滑に進行するように乙に協力すること。
> 　② 　契約解除又は契約終了の場合、乙と連携して甲の状態に見合った適切な受け入れ先の確保に努めること。
> 　③ 　甲が死亡した場合の遺体及び遺留金品の処理その他の必要な措置。

　第1項は、本文で身元引受人を求めることがあるというあまり意味のない規定になっていますが、ただし書で相当の理由がある場合には身元引受人を立てることを拒否できると配慮しているのですから、本文よりもただし書に重点がある条項です。第2項は、負担部分の支払いや損害賠償債務など一切の債務について、本人とともに連帯責任を負うというのですから、包括的な保証責任を定めているものです。第3項は、まさにいざというときのための責任、
　① 　入院時の協力義務
　② 　契約終了時の移転先確保の努力義務
　③ 　死亡時の遺体・遺留金品の処理責任
を定めるものとなっています。
　第2項は、金銭的な債務に対する保証責任ですから、これがあったほうが施設側としては望ましいに違いありません。しかし、高齢者施設では、身寄りがなくて、身元引受人になってくれるような人がいないからこそ、

施設入所が必要になっている場合もあるのですし、契約書で身元引受人を必要とすること自体が矛盾している考え方だともいえます。だからこそ、上記のモデル契約書では、第1項で身元引受人がいない場合のことに一応の配慮をしているわけです。

そうすると、第3項こそが「身元引受人」として規定する目的なのでしょう。しかしながら、上記の①～③はいずれも非常に抽象的な義務を定めているものであって、これらを契約書に定めておかなければならないという性質のものではありません。身近な親族がいるのであれば、入院時の協力とか退所時の移転先探しとか死亡時の遺骨や金品の受取りとかは、わざわざ契約書に記載しなくても一定程度やってくれるはずですし、もし真面目にやらなかったからといって文句を言う筋合いのものでもないでしょう。おそらく身近な親族に対していざというときのために注意を喚起しておきたいということなのでしょう。そうだとすれば、契約書に記載する必要はなく、別途、ご家族へのお願いというような文書を配布しておけば足りる程度の内容です。

3 身元引受人がいない場合の契約拒否

以上のように、身元引受人をつけることの法的意味はかなり稀薄なものにすぎないのですから、身元引受人をつけられない場合には契約できないとするのは、著しく不当なことになります。身元引受人をつけられないことを理由として福祉サービス契約を拒否することは、福祉サービスの「正当な理由」のない提供拒否に該当し、指定事業者の指定取消事由になりうることになります。福祉サービス契約を拒否しているわけではなく、手続きを中止しているだけだ、という言い訳は通用しません。なぜなら、契約しないで止めていること自体がサービスの提供拒否にほかならないからです。

公的な福祉サービスに関する契約では、運営基準で、事業者は「正当な理由」なくサービス提供を拒んではならないと定めています。これは、事業者に応諾義務を課しているのであって、事業者から自由に契約を解除することもできません。つまり、契約しようとしている時点で正当な理由なく契約することを拒否してはならないことを示しているとともに、契約中に正当な理由なく契約を解除することをも禁止していることになります。

　この「正当な理由」がどのような内容を指しているか問題ですが、福祉サービスが公的サービスとして構築されている以上、公的サービスを提供しなくてもやむを得ないといえるような客観的な理由がある場合に限られるべきだろうと思います。たとえば、入所施設で物理的に入所の余地がないとか、一定の障害を前提にしたサービスであってその目的に該当しない障害を有する者の利用申込みであるとかの場合には、契約を拒否する正当な理由があるといえるでしょう。

　そうだとすれば、公的サービスの性質からもともと身元引受人を要求すべきでないともいえますから、身元引受人をつけられないというのは、契約を拒否する正当な理由には該当しえないことになるでしょう。もっとも、本人が利用料の自己負担部分を支払わないという場合には、かなり悩ましいことになります。本来ならば、あるサービスを利用する以上、その対価である料金を支払うのが正義に合致しているはずです。したがって、本人が判断能力のある状態で真意をもって支払いを拒絶しているときには、正当な理由があるとして、サービスの提供を拒否することも許されると思います。

　しかし、本人が支払いをしない理由が認知症や障害に基づいていたりすれば、そのような認知症や障害に対応するための福祉サービスなのですから、軽々しく正当な理由があるなどとはいえません。また、本人が支払いをしない理由がその家族による年金の搾取等に基づいているのであれば、悪いのは本人ではなく家族にほかならないのですから、福祉サービスを打

ち切っていいとはいえません。むしろ本人が年金を回復するのを支援すべきなのですから、これも正当な理由があるとはいえないと思います。

4 身元引受人に代わる措置

以上のように、身元引受人にはそれほど大きな法的意味がないのだとすれば、身元引受人に代わる措置を考えていいはずです。これについては、全社協版のモデル契約書では、事業者の便宜にも配慮することとし、その必要性の点から「残置物引取人」を定めておけば足りるとしています。具体的な条項は、次のようなものです。

第20条（残置物の引取等）
1　契約者は、本契約が終了した後、契約者の残置物（高価品を除く）がある場合に備えて、その残置物の引き取り人（以下「残置物引取人」という。）を定めることができます。
2　前項の場合、事業者は、本契約が終了した後、契約者又は残置物引取人にその旨連絡するものとします。
3　契約者又は残置物引取人は、前項の連絡を受けた後○週間（※2週間程度）以内に残置物を引き取るものとします。
　　但し、契約者又は残置物引取人は、特段の事情がある場合には、前項の連絡を受けた後、速やかに事業者にその旨連絡するものとします。
4　事業者は、前項但書の場合を除いて、契約者又は残置物引取人が引き取りに必要な相当な期間が過ぎても残置物を引き取る義務を履行しない場合には、当該残置物を契約者又は残置物引取人に引き渡すものとします。
5　事業者は、契約者が残置物引取人を定めない場合には、自己の費用で契約者の残置物を処分できるものとします。その費用については、契約者からの預り金等自己の管理下にある金銭がある場合には、その金銭と相殺で

> きるものとします。

　つまり、福祉サービス事業者の必要性が、
① 　入院時の協力義務
② 　契約終了時の移転先確保の努力義務
③ 　死亡時の遺体・遺留金品の処理責任
などを確保することにあるのだとしても、身近な親族がいるのであれば、入院時の協力とか退所時の移転先探しとか死亡時の遺骨や金品の受取りとかは、わざわざ契約書に記載しなくても一定程度やってくれるはずですし、もしそのような親族がいなければ、入院の手続きや入所先移転の手続きなどは事業者が自らやらざるをえないはずです。

　もっとも、遺留金品が置きっぱなしになっていると、福祉サービス事業者には、置き場所や保管コストなどについて現実的な損失を生じる危険性があります。しかも保管に過失があって物を壊したり劣化させたりした場合には、相続人から損害賠償責任を追及されてしまうかもしれません。そうだとすれば、福祉サービス事業者のリスクを軽減するために、残置物引取人は定めておきたいというのは合理的な話だろうと思います。したがって、全社協版のモデル契約書には、そのような趣旨で「残置物引取人」という条項が定められているのだと思います。そして、残置物引取人をつけられなかったからといって、契約できないなどという条項にはなっていません。あくまでも残置物引取人を置くことができるという趣旨にすぎません。

5 家族との関係性の確認

　本質問では、直接の問題にはなっていませんが、老健に入所することも

娘さんたちに秘密にしておいてほしいと本人が話していることについてはどのように考えたらいいのでしょうか。福祉サービスを利用するにあたって、このように話す方は少なからずいます。それだけ家族の折り合いが悪かったのかもしれませんし、場合によっては、過去に虐待を受けたことがあるのかもしれません。

　しかし、そうではなくて、単に娘さんたちには一切迷惑をかけたくないという親心があるだけなのかもしれません。もしそうだとすれば、娘さんたちに知らせてあげないと、娘さんたちに施設に訪問してもらうこともできませんし、本人のために娘さんたちにも協力してもらうことが本人にとっても必要なことではないかと思います。本人が亡くなった後に連絡するだけでは、「どうしてもっと早く連絡してくれなかったのか」という別なトラブルになる可能性もあります。

　したがって、まずは、本人が娘さんたちに秘密にしておいてほしいという真意を確認することが必要です。それが明確にならないことには、どのような対処をなすべきかについても決まりません。事業者にとってだけでなく、本人にとっても支援者を確保できていることが有益なのですから、早急に本人の真意を確認しておくべきだろうと思います。次に、本人の真意がわかれば、虐待のおそれなどがない限り、本人に対して今後生じてくるさまざまな手続きの可能性を説明し、家族の協力を得ているほうがスムーズに手続きが進むこともあることを理解してもらうことも必要です。その上で本人が何らかの決定をすれば、それは尊重しなければなりません。

Q3

契約の内容と現場のトラブル

　私たちの特別養護老人ホームでは、重要事項説明書に「週3回入浴することができる」と記載して交付しています。福祉サービス契約書にはそのような記載はなく、サービス利用書にも入浴回数は明確に記載していません。このたび、職員のなかにインフルエンザが広がり、フロアー担当職員の半分が出勤停止になってしまいました。そのため、利用者の入浴を介助する人員が不足してしまい、利用者にお願いして今週は入浴を清拭に切り替えさせていただきました。しかしなかにはあくまでも入浴したいという方もいます。お一人だけ入浴ということになると、他の方が不満をもつことになると思うのですが、どうしたらいいのでしょうか。

A

　重要事項説明書に記載されている内容は、基本的に契約内容に含まれているものとして考えていいと思います。そうすると、職員にインフルエンザが広がって人員が不足したとしても、事業者はそのような事態にも対処すべき責任を負っていますから、一方的に入浴サービスは提供できないと開き直ることはできません。もっとも、お尋ねの状況では、ただちに入浴サービスを提供できるわけでもありませんから、同意によって契約を変更しなければなりません。あくまでも契約の変更に同意しない人に対しては、原則どおりにサービスを提供しなければならないことになってしまいますが、なぜその人が同意しないのかという理由を把握し、その理由に応じた対応方法を考えなければなりません。

Q3 解説

1 福祉サービス契約の内容

　福祉サービス契約は、一定の介護サービスを提供するのに対して、その報酬を支払うという内容を有しています。民法に定めている典型契約の類型では、準委任契約（民法656条）に該当するものとされています。準委任契約では、契約書の作成が必須ではない諾成契約とされていますから、契約書がない口頭の契約でも有効に成立します。ただし、どのような契約をしたのかを明確にするためには、契約書でもって明らかにすることが望ましいのですから、契約書を作成しておくことが必要になります。

　ただし、介護保険法や障害者総合支援法では、必要なサービスの内容が法令で直接的に定められていますから、契約の意味としては、その内容を事業者が遵守することを利用者に対して約束することに意味があります。契約前に交付される重要事項説明書は、利用者の契約後のサービス内容を明らかにする意味をもっていますが、重要事項説明書に記載があったとしても、それだけでただちに事業者と利用者との契約内容になるわけではありません。重要事項説明書の記載内容を契約の中に取り込むことによって、重要事項説明書の記載内容が事業者と利用者との契約内容になります。

　重要事項説明書の記載内容の契約への取り込みは、たとえば、「各種サービスの内容は、別紙『重要事項説明書』に記載したとおりです」（名古屋市版モデル契約書の例）、というような取り込み方が一般的だろうと思います。もっとも、契約書に重要事項説明書の記載内容の取り込みが明示されていなかったとしても、重要事項説明書は、契約したらこの内容を実行しますということを明確にするものにほかなりませんから、現実にそれを説明することによって、黙示的に取り込まれて契約がなされているものとも

考えられます。したがって、重要事項説明書の内容は、基本的に契約内容になっていると考えていいのではないかと思います。

2 介護保険サービス契約書の体制

　介護保険における高齢者福祉サービス契約書については、「契約書・サービス利用説明書・重要事項説明書」の3点セット体制とするのが適当と思います。サービス利用説明書とは、施設サービス計画等に従って、契約の最も重要な部分を取り出して詳細に書きとめるものです。もっとも、認知症を発症した高齢者など、判断能力の不十分な人に対する支援は、これらの道具立てだけでは完結しません。なぜなら、判断能力が不十分になった人は、これらの道具を十分に使いこなせるわけではなく、常にそれらを使いこなすことを支える人の存在が不可欠だからです。むしろ、そのような支える人の存在が不可欠であるところに、福祉サービス契約の一番の特色があると考えたほうがいいでしょう。

　そうだとすると、高齢者福祉サービス契約においては、ある程度法的に正確な表現で、客観的に契約内容を明確にできるような体制が望ましいと思います。契約書というものは、厳密に正確を期そうとすると、条文も複雑で長くなりがちです（生命保険の約款を思い浮かべてください）。しかし他方、正確さよりもわかりやすさを重視しようとすると、条文も短くわかりやすい言葉で書くことも不可能ではありません。要するに、正確さとわかりやすさとは相反する要求なのですから、契約書をつくる場合には、どちらかに重点を置かざるをえないわけです。

　介護保険法に基づく高齢者福祉サービス契約の場合、適切な支援者を確保することを前提にすれば、わかりやすさよりも正確さを追求してもいいのではないかと考えます。高齢者に対しては、無理に本人の能力を取り戻そうとするのではなく、適切な支援者を確保して、高齢者に残っている能

力を活用したゆるやかなサポートでいいのではないかと思われます。そうだとすると、高齢者福祉サービス契約に関しては、適切な支援者がサポートする限りにおいて、条文数もある程度多く、各条項の正確さを重視してもいいはずだろうと思います。

3 障害者総合支援サービス契約書の体制

　これに対して、障害者総合支援法における障害者福祉サービス契約書については、高齢者とは異なる配慮が必要になると思います。高齢者は、判断能力が十分であったにもかかわらず、加齢や認知症などによって徐々に判断能力が低下してくるのであって、無理やり本人の理解を求めるよりも、支援者のサポートを受けて安心して適切なサービスが受けられるようになることが望ましいはずです。しかし、若年の障害者にとっては、判断能力が不十分なために自己決定を実現する機会が十分に得られていないのですから、これからの長い人生を自立して乗り切っていくために、支援者のサポートを受けながらも、できる限り自分の力で理解して適切なサービスが受けられるようにすることが望ましいと思います。

　つまり、高齢者福祉サービス契約と障害者総合支援サービス契約とは、逆のベクトルをもつと思います。高齢者福祉サービス契約では、客観的な正確さを重視して安心できる契約形式が妥当しますが、障害者総合支援サービス契約では、本人にとってのわかりやすさを重視して自立できる契約形式が妥当することになります。そのような考え方を前提にすれば、高齢者福祉サービス契約書について「契約書・サービス利用説明書・重要事項説明書」の3点セット体制としたのとは対照的に、障害者総合支援サービス契約書については、「契約書・サービス利用説明書・重要事項説明書」に、「利用の手引」を加えた4点セット体制にしたほうがいいのではないかと思います。

この「利用の手引」は、契約の中心となる部分と本人の重要な権利について、できる限り図やイラストで表現し、本人が読んでもわかるような手引を考えています。障害のある人にも契約に関する支援は必要不可欠なのですが、支援がなくても自分で契約の内容がわかるようにしたいということです。そうすれば、支援者がいないときでも自分で契約の内容を確認することができますし、契約に従ってどのようなことができるのかを理解することができるのではないかと思います。現実的には、契約に関して図やイラストで表現するのはとても難しいことですが、そのような支援の試みをすることが重要だと考えています。

4 インフルエンザによるサービス提供不能

　契約しているにもかかわらず、インフルエンザによって契約内容を履行できなくなってしまった場合、どうしたらいいのでしょうか。契約によれば、週3回入浴することができることを約束しているのですから、原則として、約束は守らなければなりません。しかし、職員がインフルエンザになってしまったということは、自分たちに責任があることではないので、やむを得ないこととして約束を守らなくてもいい場合に該当しないかということも疑問になるかもしれません。インフルエンザは、いわゆる不可抗力ではないかということです。

　債務者の帰責事由によって契約が守られない場合、債務者の債務不履行となって、債務者がその法的責任を負うものと考えられています。帰責事由をどのように考えるべきかについては、現在、さまざまな考え方が検討されています。しかし基本的には、週3回の入浴という具体的なサービスを約束しているのであって、事業者としては、職員がインフルエンザに感染したとしても、そのように職員が出勤できない事態はほかにも考えられるのですから、もし職員数が欠ける状態になったときには、派遣サービス

なども使って人員を確保すべき責任を負っているといえるでしょう。

　複数の職員がインフルエンザに感染したとしても、入浴サービスの提供が客観的に不可能になってしまったわけではなく、人員の手当てを行えば入浴サービスの提供は可能なのですから、不可抗力によるサービス提供不能には該当しません。したがって、職員がインフルエンザに感染して出勤できなくなったからといって、事業者の責任が免除されるわけではありません。施設と無関係な飲酒運転車が施設に突っ込んできて、浴室部分を物理的に破壊したため、入浴サービスを提供することができなくなったような場合であれば、不可抗力に該当して事業者の入浴サービスに対する責任は免除されるといえるでしょう。

5 同意による清拭への切替え措置

　法的には以上のような説明になるのですが、そうは言っても契約した内容を実現できなくなってしまう場合はあるでしょう。確かに事業者側は、あらゆる事態を想定して準備しておくべきだとはいえても、そんなことは現実的には不可能ですし、ただちに対応しなければならないものではありません。起こった事態を客観的に観察して、合理的な期間内に対応すれば足りるはずです。そうだとすれば、職員の半数がインフルエンザに感染してしまった場合、不足人員を調達するためには少なくとも2～3日はかかるでしょうから、それまでの間は、法的にはそれほど明確でない状態が生じることは否定できません。

　契約は、当事者間での法的な約束にすぎないのですから、もしどちらかの当事者に不都合が生じた場合には、当事者間でよく話し合って、実情に応じた契約の変更を行わなければなりません。本問のような問題が生じた場合には、事業者は、利用者に対し、現状を十分に説明して、利用者の同意に基づいて人員の手当てができるまでは清拭に変更していただくのが妥

当でしょう。

　しかし本問のように、あくまでも契約の変更に同意しないという人がいると、原則から言えば、変更できない以上は締結した契約どおりのサービスを提供しなければならないことになります。もっとも、異議を述べた人だけを特別に扱わざるを得ないとになると、利用者間に不公平感が出てくるのも当然です。このような場合の対処については、さまざまな考え方がありうると思いますが、なぜその人が清拭を拒絶して入浴にこだわるのかその理由を把握すべきです。説明が足りないだけなのか、その人に何か特有な事情があるのか、あるいは、その人の人格等に問題があるのか、などの理由を考慮して、その理由に即した解決策を考えなければなりません。「文句があっても、できないものはできないのだから仕方ない」という対応では、さらなるトラブルに発展してしまう危険性があります。

Q4

契約の終了と現場のトラブル

　知的障害者更生施設で30年暮らしてきた方が先日お亡くなりになりました。長い入所生活によって、ご本人の私物が相当な量になっています。ご本人の両親もすでにお亡くなりになっていますし、兄弟姉妹も従兄弟・従姉妹もおらず、相続人に該当するような方はいないようです。この私物についてはどのようにしたらいいのでしょうか。

A　福祉サービス契約は、利用者が死亡した場合には当然に終了します。死者の私物の所有権は、当然にその相続人に移転します。相続人がいない場合には、相続財産法人に帰属することとなります。したがって、死者に相続人がいる場合には、その私物は相続人に渡さなければなりませんし、相続人がいない場合には、相続財産管理人に渡さなければならないことになります。事業者が保管リスクを回避するためには、福祉サービス契約に残置物引取人を定めておけばいいのですが、それを定めていない場合には、当期間を経過したら、相続人あるいは相続財産管理人のための事務管理として処分するしかないかもしれません。この点については、ケース・バイ・ケースとしか言いようがないので、弁護士などに相談して慎重に判断したほうがいいでしょう。

Q4 解説

1 福祉サービス契約の終了

　福祉サービス契約は、利用者が死亡した場合には当然に終了します。通常のモデル契約書には、契約の終了事由として、契約者が死亡した場合を挙げていますが、もし契約書にそのことが書かれていなかったとしても、福祉サービス契約は準委任契約（民法656条）に該当し、委任の終了事由である委任者の死亡（民法653条1号）が準用されますから、利用者の死亡によって終了することになります。

　その他、福祉サービス契約が終了するのは、契約が解除・解約された場合、事業者が解散命令を受けたり、破産したり、介護保険等による指定を取り消されたりした場合、施設が焼失したり重大な毀損を受けたりしてサービス提供が不可能になった場合、利用者の要介護認定が変更されて当該サービスを利用できなくなった場合など、さまざまな場合があります。

2 死者の私物の去就

　福祉施設で利用者が死亡した場合、死者の私物の所有権は、当然にその相続人に移転します。死者の私物が無主物になるわけではありません。相続では、相続開始の時（通常は死亡時）から、被相続人の財産に属した一切の権利義務が相続人に承継されることになりますが、被相続人の一身専属的な権利義務は承継されません（民法896条）。また、祭祀財産も相続財産には含まれません（民法897条）。このように、一身専属的な権利義務と祭祀財産を除いて、具体的な権利義務を特定することなく、財産関係が一体として相続人に承継・相続されることになり、これを包括承継といいま

す。

　したがって、相続財産とは、一身専属的な権利義務と祭祀財産を除くものということになり、取消権・所有権・用益物権・担保物権・借地権・借家権・無体財産権・損害賠償請求権・社員権・有価証券・指名債権・預金債権・現金など、あらゆる積極財産が含まれ、また、保証債務・連帯債務など、あらゆる消極財産が含まれることになります。

　一身専属的な権利義務にどのようなものが含まれるのかについては、民法上に規定があるものとしては、代理権（民法111条）、使用貸借における借主の地位（民法599条）、組合員の地位（民法679条）などがあります。民法上に規定はないものの、異論のないものとしては、扶養請求権、財産分与請求権、生活保護法による保護受給権（最判昭和42年5月24日民集21巻5号1043頁）などがあります。ただし、これらも請求によって具体化している場合には、相続の対象になると考えるべきです。

　祭祀財産とは、「系譜、祭具及び墳墓の所有権」を指し、これらは、「祖先の祭祀を主宰すべき者」が承継することとなります（民法897条1項）。系譜とは、家系図などを指しており、祭具とは、位牌、仏壇、仏具、神棚、十字架などを指しています。墳墓については、一般の公営墓地や民間墓地では、墓地使用権が設定されているだけであり、墓所自体の所有権が含まれるものではありませんから、墓石等と墓地使用権が祭祀財産としての墳墓の内容となります。これらの祭祀財産は、財産相続のように相続人に平等に分割して相続させるわけにはいきませんから、あくまで死者のお祀りを最も適切に行う者が単独で承継すべきものとされています。

3 私物の内容による区別

　民法898条は、「相続人が数人あるときは、相続財産は、その共有に属する」と定めています。この共有の意味については、学説上争いがあります

が、判例は、物権法に定めている共有と同じ意味だと考えています。つまり、相続が発生すると、当然に分割できない物については法定相続分によって持分を共有することとなり、遺産分割という手続きでその共有関係が解消されるとしています。

したがって、死者の私物が何であるかによって取扱いに違いが出てきます。まず、私物の動産については、当然に分割できるものではありませんから、相続人が法定相続分に従った共有持分を取得することになります。次に、預金通帳については、それ自体は動産にすぎませんが、通帳に意味があるのではなく、預金に意味があるのですから、銀行預金がどうなるかを知っておくべきです。預金者は、銀行に対する預金の払戻請求権という金銭債権を有していますから、金銭債権は当然に分割されて相続人に帰属するというのが判例の考え方です（最判昭和29年4月8日民集8巻4号819頁、最判平成16年4月20日家月56巻10号48頁）。そうすると、銀行預金が相続人に分割されて帰属しているのですから、預金通帳そのものはあったほうが便利だけれどもなくてもかまわないという証書にすぎません。

いずれにしても、死者の私物は相続人に所有権が帰属していることになりますから、相続人に渡すまで保管しておかなければなりません。事業者がこのリスクを回避するためには、福祉サービス契約に残置物引取人を定めておけばいいでしょう（**Q2**の**4**参照）。

4 相続人不存在の手続き

以上は、相続人の存在が明確になっている、あるいは、相続人の存在は把握できていなかったが相続人が見つかった、という場合の考え方になりますが、相続人がまったくいない場合もあります。その場合には、「相続人不存在」という手続きになります。なお、相続人の存在は明確であったが、相続人全員が相続を放棄した場合も相続人不存在となります。

民法は、相続人が存在しない場合、相続財産法人という法的テクニックを使っています（民法951条）。つまり、相続人の存在がいない場合、私物の所有権の帰属者がいないことになってしまいますから、死者の生前の財産関係を清算するなどのために、死者の財産上の権利義務を承継するものとして、相続財産自体を法人とすることによって法主体を生み出すこととしています。しかし相続財産法人だけでは、清算事務を担当する人間が欠けていることになりますから、相続財産管理人を選任して清算事務を行わせることとしているのです（民法952条以下）。

　したがって、死者に相続人がいなければ、相続財産法人が私物の所有権を有することとなります。具体的な相続人不存在の手続きは、相続財産管理人による相続人の捜索と財産の清算を骨子としています。相続人が存在することが判明した場合には、死者の権利義務が相続人に承継されていることになりますから、相続財産法人は存立しなかったものとみなされます（民法955条）。相続財産管理人による清算手続は、破産手続などと同様な清算手続になります。

　ただし、民法には、特別縁故者という制度があります。特別縁故者制度とは、相続人がいない場合に、相続財産管理人の清算事務が終了してもなお財産が残ったとき、最終的には残った財産は国庫に帰属することになるため（民法959条）、その前に死者と特別な縁故のあった者に財産を分与する制度です（民法958条の3）。特別縁故者とは、「被相続人と生計を同じくしていた者、被相続人の療養看護に努めた者その他被相続人と特別の縁故があった者」とされています（民法958条の3・1項）。したがって、必ずしも事実的な夫婦や親子の関係がなくても、財産の分与を請求できます。たとえば、療養看護に努めた友人知人や社会福祉法人なども特別縁故者たりえます。財産分与の請求手続としては、最後の相続人捜索期間満了後3か月以内に家庭裁判所に分与の請求をしなければなりません（民法958条の3・2項）。以上の手続きをすべて経た後に残った財産は、国庫に帰属す

ることになります（民法959条）。

　以上の相続人不存在の流れを図示すると、次ページの**図表**のようになります。

5 事務管理による処分

　以上のように、死者に相続人がいる場合には、その私物は相続人に渡さなければなりませんし、相続人がいない場合には、相続財産管理人に渡さなければならないことになります。ただし、相続人がいない場合にいつでも相続人不存在手続が開始するわけではありません。相続人に対する債権者がいて、その債権を回収する必要があるときに、債権者が費用を予納して相続人不存在手続が開始するため、そのような債権が存在しなければ、何の手続きも採られないままになることが多いといえるでしょう。

　そうすると、施設としては、死者の私物を保管しておくしか方法がないことになります。施設で相続人を探索して相続人に私物を引き渡せればいいのですが、相続人がいるかどうかの調査は、戸籍が公開されていない以上かなり困難ですし、調査のための費用も相当かかってしまいます。しかし、いつまでも施設が保管費用を負担しておかなければならない理由もありません。基本的には、死者の私物のうち、明らかに客観的な価値がなく廃棄すべき物である場合には、廃棄してかまわないでしょう。客観的な価値がなくても遺族には主観的な価値があるという物もあるに違いありませんが、相続人が施設側の努力にもかかわらず何も連絡もしないでおいて、後日廃棄した物の損害を主張するのは不当です。そういう場合には、保管費用と損害主張とを実質的に相殺すれば足りると思います。

　死者の私物のうち、客観的な価値はそれほどないかもしれないけれども保管コストもほとんどないという物（書類など）は、保管しておけばいいでしょう。客観的な価値がある物については、保管しておかなければなら

図表　相続財産管理の手続き

利害関係人または検察官による相続財産管理人選任請求（民952Ⅰ）

家庭裁判所による相続財産管理人の選任（民952Ⅰ）・公告（民952Ⅱ）
↓
相続財産管理人による財産目録の調製（民953→民27Ⅰ）
↓

相続財産管理人の権限と義務
- 相続財産調査費用等の支弁（民953→民27Ⅰ）
- 管理人の担保提供（民953→民29Ⅰ）
- 管理人の報酬請求権（民953→民29Ⅱ）
- 管理人の財産状況報告義務（民954）

民法103条を超える行為に対する家庭裁判所の許可（民953→民28）
※実務上、「権限外行為の許可申請」という。
※これに対して、家庭裁判所による「許可審判」（家手別表第1の99）がなされる。

相続財産管理人による選任公告から2か月後に債権申出の催告（民957）

債権申出の催告から2か月以上後に債権者・受遺者に対して弁済
（民957→民928～935）

相続財産管理人または検察官による相続人捜索の公告請求（民958）

相続人捜索公告から6か月以上後に相続人不存在の確定（民958の2）
↓
相続人不存在確定から3か月以内に特別縁故者への財産分与請求（民958の3）

特別縁故者に対する相続財産処分の審判（家手204、別表第1の101）

相続財産管理人に対する報酬付与の審判（民953→民29Ⅱ）

相続財産管理人による残余財産の国庫帰属（民959Ⅰ）

相続財産管理人による管理終了計算報告（民959Ⅱ）

ないと思います。しかしこれらについても、いつまでも保管しておくというわけにはいかないでしょうから、相当期間を経過したら、相続人あるいは相続財産管理人のための事務管理として処分してかまわないと思います。この相当期間というのはわかりにくいと思いますが、ここはケース・バイ・ケースとしか言いようがないので、弁護士などに相談して慎重に判断したほうがいいでしょう。

　一般論としては、物の価値よりも保管コストのほうが大きい場合には、処分することが相続人の利益となるのですから、事務管理に該当することになるでしょう。そうでない場合には、10年程度は保管しておいたほうがいいのではないかと思います。なぜなら、法的には5年で十分ともいえますが、6〜7年後にトラブルが発生することもあるからです。

Q5 介護事故と現場のトラブル

　私は認知症高齢者のショートステイを担当している職員ですが、このところ、いわゆる問題行動の多い利用者の利用が集中しており、夜間や早朝の徘徊による転倒事故が危惧されます。もし転倒事故が起こった場合には、私が責任を取らなければならないのでしょうか。施設長には深夜・早朝の職員の増員を頼んでいるのですが、なんとか頑張れというだけで取り合ってくれません。施設のマネジメント体制としては仕方がないのでしょうか。

A　施設内で介護事故が起きた場合、法人は福祉サービス契約の当事者ですから、利用者に対してその付随義務として安全配慮義務を負っています。そして、介護事故につき、予見可能性があり、結果回避義務を尽していなければ、安全配慮義務違反としての過失責任が問われます。本問のように転倒事故の危険性は十分予想されているのですから、それを避ける努力を怠った場合には、法人が過失責任を問われるとともに、担当職員個人も過失責任を問われる可能性があります。何もせずに頑張れというだけの施設長も過失責任を問われる可能性があるでしょう。施設の介護事故に対するマネジメント体制としては、「運営システムの欠陥」を改善するという視点が必要であって、事故の危険性があるにもかかわらず、本問のように何もしなかったという場合には、利用者やその家族ひいては地域社会からの信頼を大きく損なうこととなり、「信頼喪失」という介護事故よりもっと大きなリスクを抱えることになります。

Q5 解説

1 介護事故の危険性と施設（法人）の責任

　福祉サービス契約においては、その付随義務として、事業者（法人）に安全配慮義務が認められています。安全配慮義務とは、「ある法律関係に基づいて特別な社会的接触の関係に入った当事者間において、当該法律関係の付随義務として当事者の一方又は双方が相手方に対して信義則上負う義務として一般的に認められる」ものです（最判昭和50年2月25日民集29巻2号143頁）。

　この最高裁判決は、自衛隊での事故につき、「国は、公務員に対し、国が公務遂行のために設置すべき場所、施設もしくは器具等の設置管理又は公務員が国もしくは上司の指示のもとに遂行する公務の管理に当たって、公務員の生命及び健康等を危険から保護するよう配慮すべき義務（以下「安全配慮義務」という。）を負っているものと解すべきである」と判示したものです。また、他の最高裁判決では、「使用者は、（中略）労働者の生命及び身体等を危険から保護するよう配慮すべき義務（以下「安全配慮義務」という。）を負っているものと解するのが相当である」と判示しています（最判昭和59年4月10日民集38巻6号557頁）。

　これらの最高裁判決は、自衛隊での雇用関係における使用者の被用者に対する安全配慮義務を論じたものでしたが、雇用・労働関係上の労災事故にとどまらず、請負契約上の事故、学校事故、保育所事故、介護事故、賃貸借契約上の事故などにまで幅広く安全配慮義務が認められてきました。特に近年の介護事故裁判では、自衛隊事故のように「生命及び健康の安全」に限定しておらず、「利用者の生命、身体、財産の安全」に対する配慮義務を認める傾向にあります。

安全配慮義務違反という構成は、福祉サービス契約の付随義務違反という考え方ですから、債務不履行という構成になり、債務不履行責任は契約当事者である法人が直接に負うこととなって、担当職員は法人の履行補助者という取扱いになり、履行補助者に過失があれば法人に過失があったものとされます。そのような構成でなく、安全配慮義務に違反した不法行為という構成も認められており、その場合には、担当職員の不法行為に対して法人が使用者としての責任（使用者責任）を負うという取扱いになります。いずれにしても、介護事故が起きて利用者に損害が発生した場合、責任が発生する要件を満たしていれば、法人が法的責任を負うことになります。

2 介護事故と現場担当者の責任

　債務不履行責任にしても、使用者責任にしても、法人の法的責任を問うためには、担当職員に過失（注意義務違反行為）があったことが前提になります。債務不履行責任は、法人の契約上の義務を現実に担当する職員（履行補助者）の行為が法人自身の行為として考えられるものですし、使用者責任は、被用者の行為の責任を使用者が代わって負うもの（代位責任）だからです。したがって、介護事故の法的責任を生じるためには、利用者に対する安全配慮につき、担当職員に落ち度（過失）があったかどうかが問題になります。

　それでは、過失があると認められた担当職員は責任を負うのでしょうか。担当職員は利用者と契約関係にあるわけではありませんので、担当職員に過失があれば、利用者に対して不法行為責任を負うことになります。したがって、利用者が担当職員を被告として裁判を提起すれば、担当職員も損害賠償責任を負うことになります。ただし、介護事故で被害を受けた利用者やその家族が、担当職員に対して裁判を起こしたことはほとんどありま

せん。その理由としては、個々の担当職員には被害を弁償するだけの資力がない場合が多いからですし、また、本問のように事故の本当の原因が担当職員にあるわけでもないことが多いからでもあります。

　つまり、介護事故の法的責任を明確にするためには、担当職員に過失があったかどうかが争点になります。しかし、なぜ介護事故が起きてしまったのか、今後、同じような介護事故を起こさないようにするにはどうしたらいいのか、というリスクマネジメントの発想では、事業の運営システムに欠陥があったからこそ事故が発生したのであって、個々の担当職員の姿勢の改善ではなく、「運営システムの欠陥」を改善しなければならないという視点が重要になるのです。

　なお、法人が責任を追及されて利用者に損害を賠償した場合、法人は過失のあった担当職員に求償することができるとされています（民法715条3項）。法人が担当職員に代わって責任を負う（代位責任）という考え方からは当然に出てくる発想です。しかし判例は、「使用者は、その事業の性格、規模、施設の状況、被用者の業務の内容、労働条件、勤務態度、加害行為の態様、加害行為の予防若しくは損失の分散についての使用者の配慮の程度その他諸般の事情に照らし、損害の公平な分担という見地から信義則上相当と認められる限度において、被用者に対し右損害の賠償又は求償の請求をすることができるものと解すべきである」と制限しています（最判昭和51年7月8日民集30巻7号689頁）。この判断もやはり「運営システムの欠陥」を問題にしているものと考えることができます。

3 介護事故と施設長の責任

　介護事故が起きて法人に責任が生じる場合、施設長も責任を問われることがあるのでしょうか。この点についても、担当職員の場合と同様、施設長に事故と関連する過失が認められ、施設長が事故を避けようとすれば避

けられたというようなときには、施設長個人に対しても不法行為責任を追及することができます。また、施設長に対し、法人の代理監督者（民法715条2項）として責任を追及することもありえます。ただし、これまでの裁判では、施設長個人が利用者の担当者でもあったというようなケースで被告になっているものはありますが、それ以外の場合に施設長が法人とは別にあるいは法人ともども被告となったケースはあまりないのではないかと思います。

　ここで過失の有無に関する判断方法について論じておくこととします。過失の理解につては、多くの議論がなされてきたのですが、通説・判例によれば、過失とは、予見可能性があることを前提にして、結果回避義務を尽さなかったことを指しています。つまり、事故という悪い結果を予想できたにもかかわらず、その悪い結果が発生するのを避ける努力を尽さなかったからこそ責任を負うという考え方です。したがって、予想もできないような事態が生じたのであれば過失はありませんし、また、避ける努力を尽したにもかかわらず事故が起きてしまったのであればやはり過失はありません。

4 介護事故と利用者の権利擁護

　介護事故の予防については、利用者の権利擁護の視点からも考えておくべきことがあります。それは、介護事故を安易に予防しようとすると、利用者の尊厳を害することになりかねないということです。たとえば、高齢者施設では、本人の足腰が弱り、本人が転倒・転落しやすくなっているからこそ介護が必要になっているのですから、転倒事故・転落事故の危険性が著しく高い状態からスタートしています。そうすると、安易に転倒事故・転落事故を予防しようとするならば、深夜・早朝に利用者を身体拘束しておくしか方法がありません。また、障害者施設で開放処遇による交通事故

を予防する最も安易な方法は、開放処遇を閉鎖処遇に切り替えることです。さらに、高齢者施設や障害者施設で不顕性誤嚥による窒息死事故を予防する最も安易な方法は、通常の食事を止めて胃ろうの設置や経管栄養の補給に切り替えることです。

つまり、もともと介護事故の危険性が高い状態の利用者を福祉サービスでは受け入れているのですから、介護事故の危険性をなくすためには、利用者の自由を奪ってしまうしか方法がないということです。逆説的な言い方をすれば、利用者に自由があるからこそ事故が生じるのです。しかし、利用者の自由を奪って事故を予防するのは、決して利用者の希望に合致していることはないはずです。利用者の自由を奪ってでも事故を予防したいというのは、利用者以外の他者の希望にすぎません。

それにもかかわらず、利用者の自由を奪って事故予防を図るのは本末転倒であって、福祉サービスが存在する意味はありません。また、そのような安易な方法を採ったりしないで、利用者の尊厳を最大限に確保したところから事故予防の取組みがスタートするようにするには、社会福祉法人という制度も必要なのではないかと思います。社会福祉法人制度については、その在り方について検討されている最中ですが、経済効率重視の一般企業にはできないような取組みをしているのだと胸を張って言えなければいけないのだと思います。

5 介護事故とリスクマネジメント

先にも書きましたが、なぜ介護事故が起きてしまったのか、今後、同じような介護事故を起こさないようにするにはどうしたらいいのか、というリスクマネジメントの発想では、事業の運営システムに欠陥があったからこそ事故が発生したのであって、個々の担当職員の姿勢の改善ではなく、「運営システムの欠陥」を改善しなければならないという視点が重要にな

ります。なぜなら、現場を担当する職員は、すべて生身の人間であって、どんなに優れた職員であっても、ヒューマン・エラーを完全に避けることは不可能だからです。

　どんなに優れた人間であっても、集中力が持続する時間は限られていますし、仕事以外のプライベートな問題を抱えていることがあります。たとえば、自分の子どもが学校でいじめられている、夫がリストラされそうになっている、妹が離婚の危機を迎えている、父親が危篤状態になりそうだ、などという心配事を抱えて仕事をしていれば、ミスをしてしまう危険性も高くなります。

　そうだとすれば、偉い学者や施設長が職員に対して「絶対ミスをするな！」と叫んだところで、何の意味もありません。きびしい制裁措置を定めて職員を締めつけてみたところで、そのような効果が長続きするはずもありません。今までの善意で行われてきたと言われている福祉で行われてきたのはそれらに近い対策であったのであって、筆者が従来の福祉現場に違和感を抱いたのもそういうところにあります。つまり、利用者の尊厳を図るためには、個々の職員も人間として扱うべきだということです。利用者の尊厳を語りながら、職員の人間性を否定するのは、自己矛盾もいいところでしょう。

　したがって、一人の職員がミスをした（ヒューマン・エラーを生じた）ために事故が起きたというのは、そのように簡単に事故が起きてしまうような運営システムであったからにほかならないのです。そうだとすれば、個々の職員がヒューマン・エラーを生じさせたとしても、そう簡単に事故につながっていかないような強固な運営システムをつくり上げるのが福祉経営者の責任だろうと思います。本書でも第5章および第6章で介護事故に関する最近の裁判例を素材に、どのような体制を構築すべきかを考えていくつもりですが、介護事故の法的責任に対する考え方と、介護事故を起こさないようにする福祉事業経営者の社会的責任に対する考え方とは、異なる

視点に立たなければならないことに注意が必要です。そして、事故の危険性があるにもかかわらず、本問のように何もしなかったという場合には、利用者やその家族ひいては地域社会からの信頼を大きく損なうこととなり、「信頼喪失」という介護事故よりもっと大きなリスクを抱えることになります。

第2章

権利擁護と現場のトラブル

Q6

プライバシーと現場のトラブル

　私は心療内科の病棟看護師です。このたび、異食行動の多い患者さんが入院しましたが、日中も夜間も病院内をよく動きまわる方で、完全に見守ることができません。そのため、すでに3回ほどトイレの中の棚に置いてある紙おむつをベッド内に持ち込んで食べているところを発見されています。飲み込めないような物を食べてしまうと、ご本人が窒息してしまうことも懸念されるため、その患者さんに対しては、ベッドに監視カメラを設置して事故を予防したいのですが、問題があるでしょうか。

A　異食癖がある患者さんを見守るために、ベッドに監視カメラを設置することは、よほど緊急の場合以外には、基本的に許されないと考えるべきではないかと思います。なぜなら、ベッドに監視カメラを設置してずっと監視することは、機器を利用した身体拘束と同様、本人の人格を侵害するものだからです。何がなんでも事故を予防しなければならないという考え方では、患者さんの人格を否定することになってしまいますし、看護師さんなどにとってもそのような場所で働くのはまっぴらだということにもなりかねないと思います。それでは社会福祉という社会連帯思想は成り立たないと思います。

Q6 解説

1 異食行動と見守りの限界

　精神障害や認知症などによって異食行動を取ってしまう患者さんの見守りは大変だろうと思います。病院に入院していたり、施設に入所していたりしていたとしても、病院内あるいは施設内には口に入れてしまいそうなものがたくさんあります。身につけている紙おむつあるいは居室内にある紙おむつやトイレ内のトイレットペーパーなどがよくある例ですが、それ以外にも電池、タバコや花壇の草花などが異食対象になることもあります。

　精神障害や認知症などによって異食癖のある人が異食行動をしないように見守るといっても、24時間マンツーマン体制で監視できるものではありませんし、監視していいものでもありません。そうだとすれば、できる限り見守ることに加えて、そういう人が行動しやすい範囲にはできるだけ食べられるようなものは置かないように注意するという方法しか採りえないことになるでしょう。

2 異食行動による窒息と責任

　平成23年2月4日のさいたま地裁判決（「賃金と社会保障」1576号58頁）では、特別養護老人ホームに入所していた異食癖のある認知症高齢者Aさんが何かを口に入れて詰まらせてしまい、救急搬送されたものの死亡してしまったという介護事故について判断しています。

　この判決では、「本件事故当時、Aは紙おむつ等をちぎって口に入れるといった異食行為を繰り返しており、これによって同人が窒息死に至ることがあることも具体的に予見される状況にあったのであるから、同人との

間の介護老人福祉施設利用契約に基づき同人に対し介護等のサービスを提供すべき義務を負っていた被告においては、介護服を着用させるに当たってはこれを適切に使用すること、すなわち、故障や劣化がないかどうかを点検して、そのような不具合のない介護服を着用させ、ファスナーを完全に閉じることによって、Ａが紙おむつ等を取り出すことがないよう万全の措置を講ずる注意義務を負っていたというべきであるところ、被告は、この注意義務を怠り、介護服を適切に使用せず、そのために本件事故に至ったものであるから、不法行為に基づき、Ａの死亡によって生じた損害を賠償すべき責任を負う」として施設側の責任を認めました。

　しかし、この判決の内容は、介護服を着用させ、ファスナーも完全に閉じて行動の自由を完全に奪って紙おむつを取り出すことがないようにしなければならないと言っているのですから、Ａさんが異食行動をしないようにするには、身体拘束するしかないと認めているようなものです。このような内容では、Ａさんが死なないようにするには、Ａさんの行動の自由を完全になくしてＡさんの人格を否定してしまうのも仕方がないということになってしまいます。本当にそれでいいのでしょうか。

3 異食行動の予防と対応

　本人の自由と人格を侵害してでも死亡事故を防ぐというのは、最終手段としてはやむを得ない場合があるかもしれませんが、常にそういう方法しかないと割り切るのは早計ではないかと思います。困難な問題であるのは確かですが、何よりも、本人が異食行動をとってしまわないように配慮するとともに、もし異食行動をとった場合に大事に至らないよう、本人の行動範囲には生命に危険を及ぼすようなものは置かないように注意することが最低限できることではないかと思います。

　また、もし本人が異食行動をとってしまった場合、焦って吐き出させよ

うとすれば、かえって飲み込んだりする危険がありますから、落ち着いてお菓子などを準備し、「こっちのほうが美味しいよ」などと声をかけ、異食対象物と交換したりする工夫が必要だと思います。本人が異食対象物を飲み込んでしまってそれによって窒息したりする危険がある場合には、吐き出すように誘導したり、緊急措置として吸引したりした上で、本人の健康状態を見ながら救急搬送することも視野に入れるべきでしょう。

4 監視カメラによるプライバシー侵害

　以上のように考えてくると、異食癖がある患者さんを見守るために、ベッドに監視カメラを設置することは、よほど緊急の場合以外には、基本的に許されないと考えるべきではないかと思います。なぜなら、ベッドに監視カメラを設置してずっと監視することは、機器を利用した身体拘束と同様、本人の人格を侵害するものだからです。

　筆者は、病院や施設であっても、カーテンで仕切られた本人のベッド・スペースは、本人のためのプライバシー空間だと思っています。たとえ事故防止のためであっても、本人のためのプライバシー空間をなくしてしまうことは許されないと考えるべきです。精神障害や認知症があっても、24時間監視されて生きなければならないというのは、独立した人間の人格を完全に否定するものにほかならないからです。

　そのように考えると、異食癖のある患者さんの見守りに限界がある以上、事故が起こった場合、さいたま地裁の判決のようにきびしい結果となってしまうのは、あまりにも現実的ではないことになります。筆者としては、本人の人格をできる限り尊重している以上、事故が起きてしまったとしても、病院や施設の責任を認めるべきではないと思います。法的に表現すれば、事故という悪い結果を回避する努力を尽くしている以上、病院や施設側には過失がないということになります（この点については、**Q5**を参照）。

何がなんでも事故を予防しなければ責任があるという考え方では、患者や利用者の人格を否定することになってしまいますし、看護師さんや職員さんにとってもそのような場所で働くのはまっぴらだということにもなるだろうと思います。それでは社会福祉という社会連帯思想は成り立たないことを理解していただきたいと思います。

Q7

個人情報と現場のトラブル

　私が勤務する保育園では、地震や台風などの自然災害に備えて、緊急連絡網をつくろうとしたところ、ある保護者から「個人情報を公表してほしくない」という理由で、電話番号を連絡網に記載することを拒否されてしまいました。その保護者と幼児だけを外して緊急連絡網をつくるのも好ましくないので、緊急連絡網をつくるのは諦めて、緊急時には保護者から保育園に連絡するように規程をつくったらどうかと考えています。どうしたらいいのでしょうか。

A　緊急連絡網は、子どもたちの安全を確保し、子どもたちの保護者にもそのための対応をしてもらうためのものです。ある保護者の意向で緊急連絡網の作成をやめてしまうと、子どもたちにしわ寄せが行くことになってしまいます。なぜその保護者が電話番号の登録を拒否するのかという理由から確認すべきです。もし特別な事情があれば、その保護者だけは緊急連絡網以外の方法で緊急時に連絡するという方法をとっていいのではないかと思います。特別な理由もなく保護者が拒否しているのであれば、緊急連絡網から外すしかありませんが、子どもの安全を考えて、緊急時には保護者から保育園に連絡してもらうなどの代替手段を取れば足りるのではないかと思います。

Q7 解説

1 個人情報保護法の考え方

　現代社会は、「高度情報社会」と呼ばれるように、多くの情報に取り囲まれています。多くの情報が得られることは、便利である反面、逆に情報に振り回される危険もあります。さらに、その中で生活する個人の情報も本人の知らない間に流通してしまう危険をはらんでいます。プライバシーが守られない限り、個人の尊厳は保障できません。プライバシーは侵害されないとしても、自分の不正確な情報が流通するのは不本意でもあります。そこで平成15年5月に個人情報保護法が制定されることとなりました。

　個人情報保護法は、個人情報の有用性に配慮しながら、個人の権利利益を保護することを目的として定められています。個人情報とは、住所・氏名・年齢・職業・生年月日など、生存する特定の個人を識別できる情報のことを指しています。つまり、ある人がどこに住んでいるとか、どこに勤めているとか、必ずしもプライバシーに関わるとは言い切れない中立的な情報のことにすぎません。したがって、個人情報とプライバシー情報とは、重なり合う部分もありますが、異なる概念として捉えなければなりません。しかし、高度情報社会では、そういう中立的な情報も流通しやすく、自らのあずかり知らないところから欲しくもない商品のダイレクト・メールが届いたり、勧誘電話がかかってきたりすることがあります。そこで、自分の知らないところで自分に関する情報が勝手に流通しないようにしなければならないこととされているのです。

　個人情報を勝手に流通させないことは、個人情報に関わるすべての人に求めてもいい要求です。しかし、非常に少ない個人情報しか保有していない人にまで、個人情報の徹底管理を求めるのは実情に合いません。そこで

個人情報保護法は、5,000名を超える個人データ（顧客だけでなく、従業員の個人情報を含みます）を保有している場合、それを保有している者（「個人情報取扱事業者」といいます）は個人情報を適切に管理しなければならないこととしました。したがって、5,000名以下の個人データしか保有していない場合には、個人情報保護法は適用されません。ただし、各省庁のガイドラインでは、個人情報取扱事業者でなくとも個人情報保護法を遵守するように努力することを求めていますから、個人情報保護法を遵守していない事業者は、社会的な信用を得られない状況になっていることも認識しておく必要があります。

2 個人情報保護法の概要

　個人情報保護法が定めている事項で最も重要なのは、個人情報取扱事業者がどのような義務を負うかということです。

　まず、個人情報を取得するときの義務として、第一に、利用目的の特定義務（15条）があります。個人情報取扱事業者は、個人情報を取り扱うにあたっては、その利用目的をできる限り特定しなければなりません（同条1項）。たとえば、名簿を作成するために氏名・住所・電話番号という情報を取得する際には、「ご記入いただいた氏名・住所・電話番号は、緊急連絡網名簿として配布します」というように特定しなければなりません。また、利用目的を変更する場合、変更前の利用目的と相当の関連性を有すると合理的に認められる範囲を超えて変更してはなりませんが（同条2項）、そのような範囲内で変更する場合には、変更後の利用目的を本人に通知することで足ります（18条3項）。それ以外の場合には、改めて本人の同意を得ることが必要になります。

　また、個人情報を取得するときの義務として、第二に、利用目的の通知義務（18条1項）があります。個人情報取扱事業者が個人情報を取得した

場合、あらかじめその利用目的を公表している場合を除き、速やかに利用目的を本人に通知または公表しなければなりません。なお、個人情報を偽りその他の不正手段によって取得することは禁止されており（17条）、17条・18条の義務に違反して行政命令にも従わない場合には、罰則（6か月以下の懲役・30万円以下の罰金）が定められています。

次に、個人情報を利用するときの義務として、目的外利用の禁止があります（16条）。個人情報取扱事業者は、あらかじめ本人の同意を得ないで、上記のように特定された利用目的外で個人情報を取り扱ってはなりません。もし特定された利用目的以外の目的で個人情報を取り扱う必要が生じたら、そのつど、本人の同意を得なければならないこととなります。これに違反して行政命令にも従わない場合にも、罰則（6か月以下の懲役・30万円以下の罰金）が定められています。

個人データの取扱いに関する義務としては、第一に、正確性を確保すべき努力義務（19条）があります。第二に、個人データの安全管理義務（20条ないし22条）があり、これには、自ら安全管理措置を講ずる義務（20条）、従業員による侵害に対する安全性の確保義務（21条）、委託先による侵害に対する安全性の確保義務（22条）があります。そして第三に、個人データの第三者提供の制限（23条）があります。一定の正当性がある場合のほかは、あらかじめ本人の同意を得ないで、個人データを第三者に提供してはならないこととされているのです。正確性確保の努力義務を除いて、これらの義務に違反して行政命令にも従わない場合、罰則（6か月以下の懲役・30万円以下の罰金）が定められています。

保有個人データ（個人情報取扱事業者が開示・訂正等の権限を有する個人データ）の取扱いに関する義務としては、透明性の確保義務（24条・25条）があります。個人情報取扱事業者の氏名・名称など一定の事項については、本人が知りうるように、公表することが義務づけられ（24条）、データの内容を本人が確認できるように、本人から請求があった場合には開示義務

があります（25条）。開示方法については、原則として書面の交付によりますが、本人の同意があれば他の方法でよいこととされています（施行令6条）。もしデータをすでに削除していれば、「存在しないため開示できない」と回答することとなります。

また、保有個人データの内容が事実と食い違っている場合、本人から請求があった場合には訂正義務があります（26条）。さらに、本人から個人情報保護法違反があることを理由に利用停止・消去の申入れがあった場合、違反を是正するために必要な限度で対応する義務も定められています（27条）。

3 社会福祉事業と個人情報・プライバシー情報

　福祉に関わる活動を行っている場合、利用者に困った事態が生じ、その家族と連絡を取る必要がある場合には、利用者の家族の連絡先を知らなければどうしようもなくなるのですから、社会福祉事業者は、多くの個人情報を保有しておかなければならないこととなります。個人情報保護法は、5,000名を超える個人データを保有している場合に適用されるのですから、少人数定員で一つの施設しか運営していない場合、個人情報保護法は適用されないことも多いでしょう。しかし、福祉に関わる活動で最も重要なのは、個人情報よりもむしろプライバシー情報です。プライバシー情報とは、個人の私生活に関する、みだりに人に知られたくない情報のことです。

　たとえば、利用者の母親に認知症が発症したとか、利用者の弟に知的障害があるとか、利用者の家族がある事情から生活保護を受けているとか、といった情報は、誰にでもみだりに知られていい情報ではありません。だからこそ、たとえば居宅サービス運営基準33条1項のように、社会福祉事業者の役職員だけでなく、その従事者にも法令によって守秘義務が課せら

れており、プライバシー保護は個人情報保護よりも明確にされているのです。

　したがって、個人情報保護法の適用がないとしても、社会福祉事業に従事する限り、プライバシー情報には最大限配慮しなければなりません。たまたま知りえたプライバシー情報をみだりに漏洩・公開すると、本人の名誉を毀損したとして処罰を受ける可能性（刑事責任）もありますし、それで精神的な損害を蒙った本人に対しては、損害賠償（慰謝料）を支払うべき責任（民事責任）も発生する可能性があります。

4 緊急連絡網と個人情報保護

　個人情報保護やプライバシーの保護が叫ばれるようになったのは、本人の知らないところで本人の情報が流通することを阻止するためにすぎません。したがって、個人情報やプライバシーを守るには、それらの情報を利用したり、第三者に提供したりする場合に、本人の同意・承諾を得れば足りるのです。「あなたの情報を○○の必要性があるので××のために使っていいですか」と尋ね、「いいですよ」との答えを得ればそれだけでかまわないということです。具体的には、「緊急連絡の必要性があるので連絡網の名簿に電話番号を載せていいですか」というように確認することが必要なのです。

　それにもかかわらず、本人の意向を確認することがわずらわしい、名簿登載を拒否された、などという理由で、緊急連絡網の名簿作成自体をやめてしまうなどの対応も聞かれるようになっています。それではまったくの本末転倒です。福祉に関わっている人が必要だと感じていることは、支援を必要とする相手にとっても必要なことが多いはずです。反対者がいるからといって、全体に必要なことをやめてしまうのはおかしいのです。

　そもそも緊急連絡網は、子どもたちの安全を確保し、子どもたちの保護

者にもそのための対応をしてもらうためのものです。保護者の意向でやめてしまうことは、子どもたちにしわ寄せが行くことになってしまいます。なぜその保護者が電話番号の登載を拒否するのかという理由から考えていくべきです。もしかしたら、DV（ドメスティック・バイオレンス）を受けていた元夫に知られたくないとか、連帯保証人になってしまい悪質な金融業者から電話がかかってくるのをおそれているとか、何か特別な事情があるのかもしれません。

もしそのような特別の事情があるのであれば、その保護者だけは緊急連絡網以外の方法で緊急時に連絡するという方法をとっていいのではないかと思います。特別な理由もなく保護者が拒否しているのであれば、緊急連絡網から外すしかありませんが、子どもの安全を考えて、緊急時には保護者から保育園に連絡してもらうなどの代替手段を取れば足りるのではないかと思います。たった一人の保護者の反対によって、他の保護者や何よりも保育園に来ている子どもたちの安全を犠牲にすることは許されないと思います。

なお、個人情報を保護するには、本人の同意・承諾を得るのが原則ですが、本人の同意・承諾を得られないほど緊急の場合、個人情報保護法は例外的に本人の同意・承諾を必要としない場合を定めています。個人情報保護法16条は、

① 法令に基づくとき
② 人の生命・身体・財産の保護のために必要がある場合であって本人の同意を得ることが困難であるとき
③ 公衆衛生の向上または児童の健全な育成の推進のために特に必要がある場合であって、本人の同意を得ることが困難であるとき
④ 国の機関もしくは地方公共団体またはその委託を受けた者が法令の定める事務を遂行することに対して協力する必要がある場合であって、本人の同意を得ることにより当該事務の遂行に支障を及ぼすおそ

れがあるとき
には、本人の同意を不要としています。要するに、個人情報よりも重要な価値（生命・身体・財産）などを保護しなければならない場合、個人情報保護法を顧慮しなくてもよいということなのです。

Q8

身体拘束と現場のトラブル

　私たちの施設では身体拘束廃止宣言をしています。ところが、利用者の娘さんにそのことを説明したところ、「母は夜間に徘徊するので、身体拘束してくれないと、転倒事故で骨折したりするから困る。寝たきりになったりしたら、誰が責任を取ってくれるのですか。私が許可するから夜間は身体拘束してほしい」という申入れを受けてしまいました。どうしたらいいのでしょうか。

A 　家族が身体拘束を求める場合、複雑な事情があることもあります。たとえば、義理の母親が入所介護の必要な状態になっているにもかかわらず、まったく介護に関わろうとしない小姑が入所に反対し、しかも「母親を入所させるならあなたが全部責任を負いなさい」などと言っているため、入所を手配したお嫁さんは、骨折事故などが起きないか日々神経をすり減らしていることがあります。したがって、家族がなぜ身体拘束の申入れをしているのかを確認しなければなりません。本人を入所させるにあたって、お嫁さんだけでなく、その小姑も施設に呼んだ上で、身体拘束は許されず、本人に何が必要なのかを直接話しておくべきだろうと思います。そうすることによって、お嫁さんも安心できるでしょうし、小姑にも相応の責任をもってもらうような話し合いができるかもしれません。いずれにしても、家族が希望したり許可したりしたからといって、本人の身体を拘束することが許されるわけではありません。

Q8 解説

1 身体拘束と個人の尊厳

　まず、なぜ身体拘束は許されないのか、ということから考えていきたいと思います。それは、自由を奪われた状態で生きていかなければならないのは、人間にとって最大の苦痛であるからにほかなりません。正常な判断能力を有していながら、身体拘束を自ら望むという人はいないはずです。それなのにどうして身体拘束が横行するのか、という理由は、本人の要望しているところではなく、本人以外の誰かが要望しているからなのです。

　それではどうして身体拘束が求められるのかを考えてみましょう。事業者側が身体拘束を求めるのは、基本的に人手不足を補いたいというのが大きな理由でしょう。人員が不足する深夜や早朝に身体拘束をしないで介護事故が生じた場合、その事故の法的責任を追及されるおそれがあるからです。このような理由には合理的な意味はありませんし、たとえ人員が少ないとしても、身体拘束をしないで事故を避ける努力をしなければなりません（この点については、**Q5**を参照）。

　しかし、家族が身体拘束を求める事情には、かなり複雑なものがあります。本問のように、「骨折したら困る」というのは、入院治療費などのお金のことではない場合も多く聞きます。たとえば、義理の母親が入所介護の必要な状態になっているにもかかわらず、まったく介護に関わろうとしない小姑が入所を拒否し、しかも「母親を入所させるならあなたが全部責任を負いなさい」などと勝手に押しつけているため、義理の母親の入所を勧めた嫁にとっては骨折事故などが起きるのが最大の恐怖になっていることもあります。そういう意味では、身体拘束の問題は、日本の家族問題の縮図になっているところもあります。

しかし、どのような理由があるとしても、本人の身体を拘束して事故を予防するというのは許されない話です。あくまでも本人の身体を拘束するのではなく、施設と協力し合って、身体拘束しなくても本人が安全な環境で安心して暮らしていけるようにすることが必要なのです。最近の裁判例を見ても、身体拘束していないで転倒事故が起きたという場合には、身体拘束が許されないことを前提として、どこまで事業者側が転倒事故を避ける努力を尽くしてきたかに重点を置いて判断するものが増えています（詳しくは、**Q47**などを参照）。

2 家族の意向と身体拘束の禁止

　本問では、家族が身体拘束を申し入れている理由が何なのかははっきりしていませんが、家族が本問のように強い申入れをしている以上、それなりの事情があるのが普通だろうと思います。したがって、まずは、なぜそのような申入れをしているのかという事情を確認しなければなりません。前述したように、小姑が無理難題をふっかけているのであれば、本人を入所させるにあたって、お嫁さんだけでなく、その小姑も施設に呼んだ上で、本人に何が必要なのかを直接話しておくべきだろうと思います。そうすることによって、入所を手配したお嫁さんも安心できるでしょうし、小姑にも相応の責任をもってもらうような話し合いができるかもしれません。

　いずれにしても、家族が希望したり許可したりしたからといって、本人の身体を拘束することが許されるわけではありません。家族であっても、一人一人は個人として尊厳が確保されなければならないのですから、他の家族の尊厳を勝手に判断したり処理したりすることは許されないのです。したがって、家族には、どうして身体拘束が許されないのかを丁寧に説明し、事業者としては、事故予防（特に転倒・転落事故の予防）に関しても取り組んでいることを理解してもらう必要があります。

3 家族の意向に反するリスク

　もっとも、いくら説明したからといって、不幸なことに介護事故が起きてしまうと、「だから言ったではないか」という家族の逆襲を受けるおそれは消えません。しかし、介護事故が起きてしまった場合には、その事実を正面から受け止め、謝罪すべきことは謝罪し、法的に判断してもらうべきことは法廷に委ねるという正攻法しか存在しません。身体拘束は禁止されているうえ、家族がそれを許諾する権限はないのですから、家族の「だから言ったではないか」という逆襲には、法的にはまったく正当化されるところはありません

　したがって、事故をおそれすぎることなく、本人が安全な環境で安心して暮らしていけるかどうかを考えていけばよいのです。入所の段階で家族と身体拘束の禁止についてきちんと話しておくことは、その後の本人の入所生活上の問題を家族とともに解決していくためには、非常に有意義なことだろうと思います。本人の尊厳の最大限の尊重、それが社会福祉に不可欠なり理念なのだと考えていただきたいと思います。

4 身体拘束の禁止とその例外

　身体拘束は、運営基準で明確に禁止されており、身体拘束の概念には、次のような行為がすべて含まれるとされています。
① 　徘徊しないように、車いすやいす、ベッドに体幹や四肢をひも等で縛る
② 　転落しないように、ベッドに体幹や四肢をひも等で縛る
③ 　自分で降りられないように、ベッドを柵（サイドレール）で囲む
④ 　点滴、経管栄養等のチューブを抜かないように、四肢をひも等で縛

る
⑤　点滴、経管栄養等のチューブを抜かないように、または皮膚をかきむしらないように、手指の機能を制限するミトン型の手袋等をつける
⑥　車いすやいすからずり落ちたり、立ち上がったりしないように、Y字型抑制帯や腰ベルト、車いすテーブルをつける
⑦　立ち上がりを妨げるようないすを使用する
⑧　脱衣やおむつはずしを制限するために、介護衣を着せる
⑨　他人への迷惑行為を防ぐために、ベッドなどに体幹や四肢をひも等で縛る
⑩　行動を落ち着かせるために、向精神薬を過剰に服用させる
⑪　自分の意思で開けることのできない居室等に隔離する

　身体拘束は基本的に許されませんが、絶対的に許されないわけではありません。本人の生命や身体の安全を図るための緊急的な措置として、一時的な身体拘束はやむを得ないとされています。したがって、緊急やむを得ない場合には、一時的な身体拘束が認められるというべきでしょう。この「緊急やむを得ない場合」に該当するための要件は、「切迫性」「非代替性」「一時性」という三つの要件が必要であるとされ、かつ、それらの要件の確認等の手続きがきわめて慎重に実施されなければならないとされています。この「切迫性」とは、「利用者本人または他の利用者等の生命または身体が危険にさらされる可能性が著しく高いこと」とされ、「非代替性」とは、「身体拘束その他の行動制限を行う以外に代替する介護方法がないこと」とされています。また、「一時性」については、「身体拘束その他の行動制限が一時的なものであること」とされています。さらに慎重な手続きについては、「身体拘束廃止委員会」などの組織における事前手続きが想定されており、身体拘束に関する記録作成が義務づけられています。したがって、この「緊急やむを得ない場合」について、安易な解釈に基づいて身体拘束を行ってはなりません。

人格の尊重と現場のトラブル

　私の弟は、知的障害者更生施設に入所しています。弟は中程度の知的障害があるのですが、職員に自分のできないことをお願いすると、「後でやってあげるから」と言われたまま放置されてしまうことが多いようです。弟が私にその不満を話してきたので、私がその職員にお願いしてみたところ、「そんなに不満があるんだったら、よその施設に移ればいいじゃないですか！」と怒鳴られてしまいました。そんなことを言われるとは思ってもみませんでしたが、どうしたらいいのでしょうか。

A 事業者が「いやなら出ていけ」と言ってしまえるということは、利用者と事業者との対等性が完全に失われていることの象徴だといえます。それで黙ってしまわなければならないような状態を生み出してしまうのは、その利用者本人にとっては当然ですが、他の利用者にとっても決していいことではないと思います。したがって、苦情解決制度を利用して、対等な関係できちんとした責任ある解答をもらうべきだと思います。本問のように事業者側が強い態度で圧力をかけてくる場合には、第三者委員の力を借りて、対等性を回復していくべきだと思います。

Q9 解説

1 利用者の人格の尊重

　社会福祉施設に入所している利用者の人格は、正当に尊重されなければなりません。社会福祉施設に入所するのは、利用者が悪いことをしたり誰かの迷惑になったりするためでもなく、利用者が安全な環境のもとで安心して暮らしていけるためであるにほかならないにもかかわらず、社会福祉施設に入所したとたんに人間としての人格が尊重されないというのでは本末転倒になってしまいます。

　そもそも社会福祉基礎構造改革において、福祉サービスの提供方式を措置から契約へと転換したのは、措置といういわば一方的な行政処分では、構造的に利用者と事業者との対等性が確保しにくく、利用者の尊厳を確保するのが困難であるとされ、より利用者と事業者が対等性を確保しやすい、契約という相互行為に基づくものとしようというのが根本的な発想だったはずです。

2 利用者と事業者の対等性

　しかしながら、利用者と事業者の対等性は、福祉サービス提供方式を転換しただけで確保できるものではありません。利用者は、自宅で安全や安心を得られないからこそ、福祉サービスとしての施設サービスを受けているのであって、サービス基盤が完全でない以上、いったん施設に入所したらそう簡単に別な施設に移ることは非常に困難です。また、利用者は、介護を必要とする心身の状態にあるからこそ、施設サービスを利用しているのであって、施設内で日常生活を営んでいくためには、施設職員の支援が

不可欠です。

　したがって、利用者は、施設を経営している事業者の支援に依存した状態で日常生活を送らざるをえないのですから、形式的には、対等性が確保されるような方式が採用されたとしても、事実上は、対等とはいえない状態になっているのです。そうだとすると、利用者と事業者の対等性を実質的に確保するには、措置という方式を契約という方式に転換するだけでなく、利用者が日常生活を営むにあたって、事業者と対等な関係性を築くために利用者を支援するシステムが必要になることになります。

　事業者が「いやなら出ていけ」と言ってしまえるということは、利用者と事業者との対等性が完全に失われていることの象徴だといえます。一般社会のサービスで、事業者のほうから「いやなら止めていいですよ。うちだって好きでこんなことをしているわけではないですからね。それなのに文句を言われたんじゃたまったもんじゃないですよ」などと言われることは、ほとんどないだろうと思います。たまにそのようなことも聞くことがありますが、たいていはかなり問題のある事業者の場合でしょう。そのような発言を耳にすることがほとんどないのは、別に消費者が法的に保護されて強い存在になっているからなのではなく、単に消費者と事業者とが対等な関係で交渉しているからにすぎません。

3 「いやなら出ていけ」という発言の非倫理性と違法性

　それにもかかわらず、社会福祉の世界で、事業者から利用者に「いやなら出ていけ」と言ってしまえるのは、非常に問題だと思います。相手の弱い立場を守るために社会福祉サービスがあるにもかかわらず、相手の弱い立場につけ込んで黙らせようとする卑劣な態度にほかならないからです。このような発言は、倫理的に非常に卑劣なものであって、法以前に許されるものではありません。

また、法的に見ても、「いやなら出ていけ」という発言内容は、「文句があるのだったらわれわれはそれ以上対応する気はありませんから、それをやってくれるところを自分で探して移りなさい」ということを示しています。しかしそれだけでなく、その発言が含んでいることは、「そうは言ってもそんなところをあなたが探せるわけはないでしょう。どうせここを出て行くことなんかできないんだから、勝手なことばかり言わずに黙ってなさい」ということです。そうだとすれば、利用者が黙らない以上はサービスしないよという脅しが含まれているわけですから、法的にも正当な理由のないサービス提供拒否に該当する可能性もあるというべきでしょう。
　筆者は、東京都社会福祉協議会が設置した認知症高齢者・知的障害者・精神障害者のための「権利擁護センターすてっぷ」の専門相談員をしていた時代に、サービス事業者から、何回もそのような発言を耳にしました。確かに福祉の現場は忙しく、大変な仕事だろうと思います。
　しかし、理由はどうあれ、それへの対応が「いやなら出ていけ」はあまりに非誠実かつ非常識です。要は、ただ「黙れ」と言っているだけなのですから。たとえ利用者の要望が勝手なものであって、利用者がそれを理解するのが難しい状態にあるのであっても、対等な人間関係のもとでは、「何回も言うけど、それはこういう理由でダメなの。共同生活なんだから、あなたも少し我慢してね」と説得するしかなく、また、そういう対応でかまわないのではないかと思います。そういう返答をする時間さえないというのは怠慢だと思います。筆者が権利擁護活動を続けている根っこにあるのは、そのような経験です。筆者は、「いやなら出ていけ」などと決して言われることのない福祉の世界が出来上がるまでは、自分の活動を続けるつもりでいます。

4 対等性を確保するための法的制度

　それでは、「いやなら出ていけ」と言われたら、どうしたらいいのでしょうか。それで黙ってしまわなければならないような状態を生み出してしまうのは、その利用者本人にとっては当然ですが、他の利用者にとっても決していいことではないと思います。なぜなら、さまざまな虐待ケースを経験してみると、最初から故意に悪質な虐待を組織的に行っているケースはごくわずかであって、多くのケースは、利用者が力関係で圧倒的に劣ってしまう状態に落ち込んだために、特定の職員が横暴なことを始めたとしても、誰も止められなくなって虐待に至ってしまったというものだからです。

　つまり、利用者が事業者と対等にコミュニケートできないような施設では、虐待事件に至る危険性をもっていることになります。利用者と事業者の対等性を確保するためには、事業の透明性を確保し、利用者と事業者の風通しをよくしていくことが最も重要だろうと思います。そうだとすると、事業者段階の苦情解決制度などを通じて、利用者と事業者との対等性が確保されるように意識的に努力しなければなりません。もし事業者の力が圧倒的に強くなっているような状態であれば、そういうときにこそ、第三者委員の力を借りて、力関係を対等にしていくことが重要なのです。逆に言えば、日常的に対等性が確保されている限り、第三者委員は「伝家の宝刀」にとどまってかまわないということです。しかし、いざというときには、第三者委員が力を発揮すべきです。第三者委員は、そのような存在なのだと理解したいと思います。

Q10

職員の態度と現場のトラブル

　私の母は特別養護老人ホームに入所しています。母の認知症が進んできたところ、職員たちが母に対して赤ちゃん言葉で話しかけるようになってきました。母は、長年研究者として業績を積み重ね、全国に弟子といえる研究者が20人以上もいます。それなのに赤ちゃん言葉で話しかけられているのを見ると、なんだか悲しくなってしまいます。認知症になってしまうと、そんなものなのでしょうか。どうも割り切ることができません。

A　社会福祉施設に入所している利用者の人格は最大限に尊重されなければなりません。しかし、職員が赤ちゃん言葉で話しかけるということは、利用者と事業者との対等性が確保されておらず、利用者が一方的な保護を受けているという状態になっていることを示しているのだと思います。本問の本人も、生活歴などに照らして、赤ちゃん言葉で話しかけられるのを望んでいるとは思えません。そうだとすれば、その点に関しては、家族が本人のよき代弁者となりうるのですから、苦情解決制度などを通じて、施設側に申し入れて改めてもらうべきでしょう。

Q10 解説

1 職員の態度と利用者の尊厳

　社会福祉施設に入所している利用者の人格は、最大限に尊重されなければなりません。それにもかかわらず、判断能力が不十分な利用者は、本問のように赤ちゃん言葉で扱われたり、名前をきちんと呼んでもらえず、「○○ちゃん」などと呼ばれたりしてしまうことがあります。人間は年を取っていけば、赤ちゃんに帰っていくのだと主張する人もいますが、これから言葉を獲得して成長していく赤ちゃんと、これから能力が低下して記憶を失っていく高齢者とを同様に扱うのは、論理的にも間違っていると思います。

　職員のなかには、「家族が面倒を見ようともしないのだから、自分が家族として親密に接しているのだ」と主張する人もいます。しかし、その職員は、自分の父親や母親にも、同じように幼児言葉で接したりするのでしょうか。おそらくそんなことはないのだろうと思います。そうだとすれば、「家族のように」という理由はまったく理由になっていないのだと思います。しかし仮に自分の親にも幼児言葉で接するという人がいたとすれば、「家族のように」という理由は成り立つのでしょうか。筆者はそれも間違いだと思います。職員は、公的な社会福祉システムのなかであくまでも福祉のプロとして接しているのですから、「家族」には決してなることはできず、介護のプロとして、家族「のように」接することが許されるだけだと思います。

　職員がそのような態度を取ることができるのは、利用者と事業者との対等性が確保されておらず、利用者が一方的な保護を受けているという状態になっていることを示しているのだと思います。それは決して好ましい状

態ではありません。このような問題は、本問の利用者だけの問題ではなく、他の利用者も同じように処遇されているのですから、利用者全体の問題として考えなければなりません。

2 職員の態度に対する苦情

社会福祉事業において、職員の態度や言葉遣いに対する不満は、苦情解決制度の発足当時から非常に高い割合を示しています。事業者団体での苦情の内訳では、常にトップの座を維持してきましたし、都道府県段階での苦情の内訳でも、常に高い割合を示してきました。都道府県段階での苦情では、事業者に直接的に言えないような苦情の対応を考えていたのですが、驚いたことに、都道府県段階の苦情にも職員の態度や言葉遣いの問題が出てくるのです。

ちなみに、平成26年7月11日に公表された全国社会福祉協議会「苦情受付・解決の状況」によれば、平成25年度に全国の都道府県に設置されている運営適正化委員会が受け付けた苦情3,740件のうち、34.8％に該当する1,302件が職員の接遇に関するものでした。この職員の接遇には、「関わり方・対応」「言葉遣い」「説明不十分」「その他」に区分されていますが、依然として言葉遣いに対する苦情は多く存在しています。

3 利用者との対等性の回復

赤ちゃん言葉で話しかけられるということは、「あなたと私は対等ではありません」という態度表明になっているのですから、本人が望まないようなコミュニケーションは改めるべきです。本問の本人も、生活歴などに照らして、赤ちゃん言葉で話しかけられるのを望んでいるとは思えません。そうだとすれば、その点に関しては、家族が本人のよき代弁者となりうる

のですから、施設側に申し入れて改めてもらうべきでしょう。

　このような状態を改めて、利用者と事業者の対等性を回復するための制度としては、苦情解決制度があります。何も苦情解決制度まで行かなくても、日常的なコミュニケーションとして、担当職員に「そういうことはしないでいただきたい」と伝えて改めてもらうことで本来は足りるはずです。しかし、利用者と事業者の対等性は必ずしも構造的に得られないため、苦情解決制度が構築されているのです（この点については、**Q 9**を参照）。したがって、事業者段階の苦情解決制度を利用して、事業者側に改めることを申し入れるのも必要だろうと思います。

第3章

虐待問題と現場のトラブル

Q11

児童虐待防止法と現場のトラブル

　私が勤務している保育園に通園しているＡ君は、いつも二の腕のあたりに複数のアザがあります。昨年には、右腕を骨折していたこともありました。Ａ君に聞いても、「家で転んだ」としか答えてくれません。お迎えに来るのはＡ君の祖母ですが、祖母に聞いても「娘や孫と同居していないから、娘の家の中のことは知らない」としか答えてくれません。先日はＡ君が家に帰りたくないと言うので、しばらく園でお預かりしていたのですが、母親が「勝手なことをしないでくれ！」と怒鳴りこんできて、Ａ君を連れかえってしまいました。そのときのＡ君の寂しそうな表情が忘れられません。どうしたらいいのでしょうか。

A　Ａ君が虐待を受けている疑いは十分にあるのですから、医師などの専門的な見地から虐待の有無を確認することが必要です。そして、もし虐待の疑いがあるのであれば、速やかに福祉事務所や児童相談所に通報しなければなりません。虐待を放置してしまうとどんどん虐待行為がエスカレートする危険がありますから、「児童虐待を受けたと思われる」場合であれば、早期に通報がなされるべきであって、子どもたちの命を救うためには、通報を躊躇すべきではありません。

Q11 解説

1 児童虐待防止法の概要

　児童虐待防止法（児童虐待の防止等に関する法律）は、児童虐待の禁止、児童虐待の予防・早期発見その他の児童虐待防止に関する国および地方公共団体の責務、児童虐待を受けた児童の保護および自立の支援のための措置等を定めることによって、児童虐待防止等に関する施策を促進し、児童の権利擁護に資することを目的としています（1条）。

　児童虐待防止法が定めている児童虐待の定義は、児童の保護者が行う次の4つの行為です（2条）。

① 児童の身体に外傷が生じ、または生じるおそれのある暴行を加えること（身体的虐待）

② 児童にわいせつな行為をすることまたは児童をしてわいせつな行為をさせること（性的虐待）

③ 児童の心身の正常な発達を妨げるような著しい減食または長時間の放置、保護者以外の同居人による①②または④と同様の行為の放置その他の保護者としての監護を著しく怠ること（ネグレクト）

④ 児童に対する著しい暴言または著しく拒絶的な対応、児童が同居する家庭における配偶者に対する暴力その他の児童に著しい心理的外傷を与える言動を行うこと（心理的虐待）

　何人も児童虐待をしてはならないのは当然ですが（3条）、国および地方公共団体は、児童虐待の予防・早期発見、迅速かつ適切な児童の保護・自立の支援、児童虐待を行った保護者に対する親子の再統合の促進への配慮などに努めなければなりません（4条）。

　児童福祉に関わる学校関係者や専門職は、早期発見のための努力義務を

負い（5条）、児童虐待を受けたと思われる児童を発見した者は、速やかに福祉事務所や児童相談所に通告しなければならないものとしています（6条）。児童虐待の通告がなされた場合、市町村または福祉事務所長は、児童の安全の確認を行うための措置を講ずるとともに、必要に応じて一時保護などを行います（8条）。この場合、児童相談所長は、警察署長に対して援助要請ができます（10条）。

都道府県知事は、児童虐待のおそれがあるときは、保護者に出頭を求め、または、児童の住所または居所に立ち入り、必要な調査または質問をさせることができます（8条ないし9条）。保護者がこの調査等を拒んだ場合、都道府県知事は、再出頭要求・臨検・捜索等を行うことができます（9条の2、9条の3）。

保護者に対しては、親子の再統合への配慮などのもとに指導ができますし（11条）、一時保護がなされた場合、児童の保護のために必要なときには、児童との面会や通信を制限することができます（12条）。また、それらの措置が取られたにもかかわらず、児童の保護のために特に必要があるときは、虐待を行った保護者に対して、児童の身辺につきまとったり学路などの付近をはいかいしたりしてはならないことを命ずることもできます（12条の4）。

以上のように、児童虐待防止法は、児童虐待を早期に発見できるようにし、児童虐待の通告があれば必要に応じて児童を一時保護し、保護者に対して強制調査や指導を行うなどの行政対応を定めています。児童虐待防止法が定めるこれらの手続きを経ることによって、現に虐待を受けている子どもの命を救うことができるのは言うまでもありません。しかし、児童虐待防止法が定めているのは、子どもが虐待を受けたと思われるとする通告等から始まるのであって、すでに児童虐待が発生しているのを早期に発見することからスタートしているのです。そもそも児童虐待が発生しないような予防の取組みこそが重要になるのですが、その点に関しては、児童虐

待防止法が広く定めているわけではないのです。

2 児童虐待防止法の問題点

(1) 虐待の定義の問題

　児童虐待防止法の問題点としては、まず、虐待の定義の狭さが気になります。児童虐待防止法での虐待とは、
　① 児童の身体への外傷のおそれのある暴行（身体的虐待）
　② 児童にわいせつ行為をすること・させること（性的虐待）
　③ 著しい減食または長時間の放置など監護を著しく怠ること（ネグレクト）
　④ 児童に著しい心理的外傷を与える言動等を行うこと（心理的虐待）
の4つです。

　しかし、これらの定義は、かなり範囲が狭いと思われます。子どもが怪我をするような叩き方でなくても虐待と捉えるべき暴力もあるはずです。また、ネグレクトも子どもが著しく衰弱してしまうようなレベルでなくても放置行為は許されません。さらに、トラウマが生じるレベルまでいかなくても子どもが心理的にダメージを受けることもあるはずです。

　なぜそのような定義になったのかはあまり明確ではありませんが、おそらく民法が親権者の懲戒権を定めているため、適切なしつけは必要であるから、違法な虐待だけを禁止の対象にしたのではないかと思います。そうだとすると、適法なしつけと違法な虐待について、怪我をしそうな行為かどうか、子どもが衰弱するような行為かどうか、子どもがトラウマを抱えるような行為か、を区別の基準にしたのだろうと思います。しかし、児童虐待を早期に発見して対応しようとするならば、それでは遅すぎるのではないでしょうか。

確かに、児童虐待防止法上の強制措置を取るのだとすれば、親に対しても手続的な保障が必要になりますから、きびしい基準でいいかもしれません。しかしそのような強制措置を取るのではなく、虐待者である親に対しても指導というソフトな介入によって支援の手を差し伸べようとするのであれば、もっと軽いレベルの虐待概念で足りると思います。したがって、筆者は、児童虐待防止法の虐待の定義については、ソフトに介入するための虐待概念と強制措置を取るための虐待概念とを分けて規定したほうがいいのではないかと思っています。

(2) 施設内虐待の問題

次に、児童虐待防止法は、家庭の保護者による虐待のみを定め、児童施設内での虐待に関しては定めていません。しかしだからといって、児童施設内で虐待がまったくないとはいえません。もっとも、児童に対する施設内虐待については、非常にデリケートな問題が伏在しています。現在の児童養護施設における入所児童の大多数（6〜7割あるいは9割とまでいわれることもあります）が被虐待児であるといわれています。被虐待児がその生育歴から暴力を通じたコミュニケーションしかなしえない場合、単に法律で施設内虐待の禁止を宣言するだけでは、かえって被虐待児の福祉につながりません。被虐待児が暴力をもって職員に向かってくる場合、職員も有形力を行使してその暴力を防ぎ、その児童と向き合わなければなりませんが、職員に有形力の行使を禁止してしまうと、職員が正面から被虐待児に向き合うことができず、熱心な職員ほど骨折などの怪我をしてしまう危険があるのです。

児童養護施設は被虐待児にとっていわば最後の砦になっています。したがって、そのような場所で虐待行為があってはならないことはいうまでもありません。しかし、職員が熱心な指導を行おうとすると、職員を「虐待だ」とか「人権侵害だ」などと揶揄してしまう子どももいるわけです。そ

のように揶揄してしまう子どもは、そのようなリアクションしかできない生育歴になってしまっているのだろうと思います。それは子どもが悪いか職員が悪いかという問題ではありません。職員がそれに動じずにきちんと対応できればいいのですが、相手の被虐待児は未熟な上トラウマを抱えた児童で、愛情を十分に受けていないことからそのような試し行動を行ってしまいがちであり、しかも体力的には大人を上回る者も多数いるのですから、職員の大変さは著しいものだと思います。

　大変悩ましい問題ですが、筆者としては、児童虐待防止法に施設内虐待を含めて考えないのはやはりおかしいと考えています。しかし、児童虐待防止法に施設内虐待を含めるのならば、児童施設の職員に対する安全配慮措置をも充実させていくことが不可欠です。労働契約法5条では、使用者に対して労働者の生命・身体等への安全配慮義務を定めていますが、この条文は社会福祉施設での雇用関係にも適用があります。また、職員の人材配置やメンタルケアの体制などについて、公的な制度整備が図られるべきだと思われます。現状のままで児童施設内虐待の禁止を宣言するだけでは、いたずらに熱心な職員のバーン・アウトを触発するだけの危険があることを考えておくべきでしょう。

3 保育所における虐待問題への対処

　保育所においては、以上のような児童虐待防止法の問題はさほど先鋭的には現われませんが、日中子どもたちに密接に関わる児童施設として、保育所も重要な役割を担っています。本問のような場合、A君が家庭内で虐待を受けているかどうかは明確になっていません。しかし、A君が家庭内で虐待を受けているかもしれないという兆候は、たくさん出てきています。たとえば、いつも二の腕の当りに複数のアザがあったり、右腕を骨折していたりしています。また、家に帰りたくないと言っており、家に連

れかえられると寂しそうにしているなどもそうです。現実に虐待があったと確認できていなくても、虐待の可能性は十分に認められるはずです。

　A君が怪我をしている理由について「家で転んだ」などと説明しているため、虐待ではないかもしれないと判断するのは早計です。子どもにとって自分を保護してくれるはずの親が自分を虐待しているという事実を認めることは、自分を絶望のどん底に落とすことになるのであって、どんな状況に置かれても「親が自分を虐待するはずがない」と思わないことには生きていけません。したがって、どんな虐待状況に置かれても、子どもは「自分が悪いからこうなった」と無理やりに理解するしか方法がないのです。そうだとすれば、子どもが話すことをそのまま額面どおりに受け取ってしまってはいけないことになります。

　A君のようなケースでは、虐待の疑いが十分にあるのですから、A君の怪我を医師に診てもらい、専門的な見地から虐待の有無を確認することが必要です。そして、もし虐待の疑いがあるのであれば、早期に通報しなければなりません。虐待事件の早期発見が必要であるのは、虐待を放置してしまうとどんどん虐待行為がエスカレートする危険があるからです。児童虐待防止法は、「児童虐待を受けたと思われる児童」を発見した者は、速やかに福祉事務所や児童相談所に通告しなければならないものとしているのであって（6条）、虐待を受けたことが明らかな段階では遅いのです。つまり、「児童虐待を受けたと思われる」場合であれば、早期に通報がなされるべきであって、子どもたちの命を救うためには、通報を躊躇すべきではありません。

Q12

高齢者虐待防止法と現場のトラブル

　私がホームヘルプを担当しているBさんのところには、長年会っていなかった二女が最近になって頻繁に訪ねてくるようになりました。Bさんも喜んでいるようなのでよかったのですが、Bさんがタンスに入れている生活費のお金がときどきなくなっているようです。Bさんも「変だねえ」と言っているのですが、その二女は「ヘルパーが盗んでいるんじゃないの？ そういうことがよくあるみたいよ」と言いふらしているようです。私はそんなことはしていませんが、どうも事業者をすべて排除しようとしているような節もあります。私としては濡れ衣を着せられるのは心外ですし、Bさんの今後も心配です。どうしたらいいのでしょうか。

A　Bさんに対する経済的虐待のおそれがある場合、早期に通報して介入し、これを機に、Bさんの二女だけでなく、Bさんの長女やその他の親族にもBさんの見守りをしてもらう必要があるでしょう。虐待がエスカレートしてBさんの預金などが使われるようにまでなってしまうと、Bさんの今後の生活費や医療費が不足してしまうことも考えられます。Bさんの判断能力が不十分であったり、二女との関係を快く思っていなかったりする場合には、成年後見制度を活用してBさんの財産を守るべきでしょう。

Q12 解説

1 高齢者虐待防止法の概要

(1) 総論

　高齢者虐待防止法(高齢者虐待の防止、高齢者の養護者に対する支援等に関する法律)は、高齢者虐待の防止等に関する国等の責務、高齢者虐待を受けた高齢者に対する保護のための措置、養護者の負担の軽減を図ること等の養護者に対する養護者による高齢者虐待の防止に資する支援のための措置等を定めることによって、高齢者虐待の防止、養護者に対する支援等に関する施策を促進し、高齢者の権利利益の擁護に資することを目的としています(1条)。

　高齢者虐待防止法が定めている高齢者虐待の定義は、養護者および介護施設従事者等が行う次の5つの行為です(2条)。

① 高齢者の身体に外傷が生じ、または生じるおそれのある暴行を加えること(身体的虐待)

② 高齢者を衰弱させるような著しい減食または長時間の放置、養護者以外の同居人による①③または④と同様の行為の放置等養護を著しく怠ること、または、職務上の義務を著しく怠ること(ネグレクト)

③ 高齢者に対する著しい暴言または著しく拒絶的な対応その他高齢者に著しい心理的外傷を与える言動を行うこと(心理的虐待)

④ 高齢者にわいせつな行為をすることまたは高齢者をしてわいせつな行為をさせること(性的虐待)

⑤ 高齢者の財産を不当に処分することその他高齢者から不当に財産上の利益を得ること(経済的虐待)

なお、財産上の不当取引に関する被害は、高齢者虐待防止法で規律するのではなく、消費生活に関する業務担当部局等の関係機関が担当するものとされています（27条）。

　国および地方公共団体は、高齢者虐待の防止、高齢者虐待を受けた高齢者の迅速かつ適切な保護、適切な養護者に対する支援を行うため、関係機関等との連携強化や必要な体制整備に努めなければなりません（3条）。高齢者福祉に関わる施設・病院・保健所等の団体、施設従事者・医師・保健師・弁護士等の専門職は、早期発見のための努力義務を負っています（5条）。また、高齢者虐待や財産上の不当取引の場合、成年後見制度の利用促進について規定が設けられています（28条）。

　高齢者虐待防止法は、養護者による高齢者虐待防止に関する規律と、介護施設従事者等による高齢者虐待防止に関する規律を定めています。以下では、それぞれの規律の概要をまとめておきます。

（2）　養護者による高齢者虐待防止に関する規律

　養護者による高齢者虐待を受けたと思われる高齢者を発見した者は、高齢者の生命・身体に重大な危険が生じている場合には、速やかに市町村に通報しなければならないものとしています（7条）。高齢者虐待の通報がなされた場合、市町村は、高齢者の安全の確認等のための措置を講ずるとともに、高齢者の生命・身体に重大な危険が生じているおそれがあるときは、一時保護などの措置を行います（9条）。また、市町村は、必要な居室を確保するための措置を講じなければなりません（10条）。高齢者が施設に一時保護された場合、市町村長または施設長は、高齢者虐待を行った養護者との面会を制限することができます（13条）。

　市町村長は、養護者による高齢者虐待により高齢者の生命・身体に重大な危険が生じているおそれがあると認めるときは、地域包括支援センターの職員等に高齢者の住所または居所に立ち入り、必要な調査または質問を

させることができます（11条）。この場合、市町村長は、警察署長に対して援助要請ができます（12条）。市町村は、養護者の負担の軽減のため、養護者に対する相談、指導及び助言その他必要な措置を講ずるものとしています（14条）。

(3) 介護施設従事者等による高齢者虐待防止に関する規律

介護施設従事者等は、同僚による高齢者虐待を受けたと思われる高齢者を発見した場合、速やかに市町村に通報しなければならないものとされています（21条1項）。その他、介護施設従事者が介護施設従事者等による高齢者虐待を受けたと思われる高齢者を発見した場合、高齢者の生命・身体に重大な危険が生じているときには、速やかに市町村に通報しなければならないものとされています（21条2項）。これらの通報がなされた場合、市町村は都道府県に報告し（22条）、市町村長または不道府県知事は老人福祉法または介護保険法の規定による権限を適切に行使することとされています（24条）。

都道府県知事は、毎年度、介護従事者等による高齢者虐待の状況・とった措置などを公表しなければなりません（25条）。

2 高齢者虐待防止法の問題点

高齢者虐待防止法では、施設内虐待を正面から規律したこと、経済的虐待を含めたこと、介護ストレスによる家庭内虐待について養護者支援を打ち出したこと、などの重要な点が定められました。しかし、高齢者虐待防止法には、いくつかの問題点もあります。その第一の問題点は、虐待の定義が児童虐待防止法に準じている点です。高齢者虐待の場合には、しつけや訓練などは必要ないはずですから、児童虐待防止法以上に緩やかな介入のための定義が必要であると思います。

高齢者虐待防止法に関する問題点の第二は、施設従事者等の通報義務に基づく運用に注意が必要なところです。施設職員が他の同僚職員による虐待に気づいたとしても、その施設を退職しない限り、なかなか通報できるものではありません。また、虐待の疑いがあるとして立入調査等を行っても、簡単に虐待の証拠を確保できるものではありません。そうすると、不徹底な介入は、虐待を水面下に潜行させてしまうおそれがあります。しかも、一度介入して証拠を確保できなければ、確実な裏づけがない限り、二度と介入することができなくなってしまうおそれもあります。

　高齢者虐待防止法に関する問題点の第三は、養護者による虐待の通報制度の悪用がありうることです。養護者による虐待は、介護ストレスによって突発的に起こってしまうことも多いと思います。それにもかかわらず、一切介護を担当していない他の親族が「虐待がある。施設に入れることは認めない。今の介護者をもっと監督しろ」などと通報してきた場合には、どのように対応すべきか困難となります。通報者が遺産目当てや嫌がらせのために通報するケースもないとはいえません。これに類似した状況は、施設内虐待の場合にもあります。たとえば、ある職員が自分と仲の悪い職員を追い出すために「あの職員は虐待している」などと通報する場合、どのような対応をすべきなのか考えておかなければなりません。

3 高齢者虐待への早期介入

　本問におけるBさんのお金の紛失については、経済的虐待をしているおそれのある二女がヘルパーに嫌疑をかけさせているケースかもしれません。もしそうだとすれば、二女によるBさんの金銭の窃取等は、「高齢者の親族が当該高齢者から不当に財産上の利益を得ること」（高齢者虐待防止法2条4項ニ）に該当しており、経済的虐待に該当します。そのような養護者による高齢者虐待を受けたと思われる高齢者を発見した場合、発見者

には速やかに市町村に通報する努力義務が課せられています（7条2項）。

　このような状況を放置して、ヘルパーが入るのを遮断させられてしまうと、二女がBさんのお金を取っている場合、誰の監視も得られないこととなってしまい、搾取行為もエスカレートしてしまうおそれがあります。実際にも、本人ではなくその家族が外部からの介入を拒否するケースには、自由に搾取行為を行いたいからにほかならないというものが多くあります。

　したがって、本問のようにBさんに対する経済的虐待のおそれがある場合、早期に通報して介入し、これを機に、Bさんの二女だけでなく、Bさんの長女やその他の親族にもBさんの見守りをしてもらう必要があるでしょう。Bさんが二女にお金をあげるのは自由ですが、二女がBさんに黙ってお金をもっていくことは許されることではありません。虐待がエスカレートしてBさんの預金などが使われるようにまでなってしまうと、Bさんの今後の生活費や医療費が不足してしまうことも十分に考えられますから、早期介入にこしたことはないでしょう。もっとも問題点の第三で指摘したように、虐待の通報制度が悪用されることもあります。本問のようなケースで、二女がヘルパーを虐待者として通報した事例もあります。重要なのは、誰が通報したかに振り回されるのではなく、早期に通報を通じてBさんの状況を確認し、虐待行為を阻止した上で、今後そのような行為が繰り返されないようにしていくことです。

4 成年後見制度による支援

　本問のような経済的虐待の場合、虐待を阻止して、今後そのような行為が繰り返されないようにする方法としては、成年後見制度を活用するのが妥当だろうと思います。なぜなら、本人のお金を成年後見人が管理するようになれば、経済的虐待を繰り返すことは困難になるからです。高齢者虐

待防止法が28条において、成年後見制度の使用促進を定めているのには、そのように合理的な理由があると思います。

　しかしながら、成年後見制度を活用するかどうかについては、慎重に考えていい側面もあります。成年後見制度は、本人の行為能力を制限することに基づいて、その代替的な支援措置として成年後見人等に代理権などを付与し、成年後見人に付与された権限をもって本人を保護する制度ですから、反面として、本人の権利制限という効果も伴っているからにほかなりません。

　そうだとすれば、まず、二女との関係について、Bさんご本人の意思や意向がどのようなものかを確認することが重要です。もしBさんの判断能力が不十分ではなく、Bさんがお金に困っている二女を助けてあげたいと思っているのであれば、成年後見制度を活用する必要はただちにはないかもしれません。しかし、Bさんの判断能力が不十分であったり、二女との関係を快く思っていなかったりする場合には、成年後見制度を活用してBさんの財産を守るべきでしょう。なお、Bさんの財産を守るとはいえ、成年後見人がBさんの意思や意向を尊重しなければならないことはもちろんです（民法858条）。

Q13

障害者虐待防止法と現場のトラブル

　私の長男は、統合失調症の診断を受けて療養していますが、一昨年より、デイサービスに通うようになりました。そのこと自体は喜ばしいのですが、デイサービス後の着替えが遅すぎると言われて、叩かれているようです。その職員以外の職員はとてもよく面倒を見てくれているようなのですが、その職員とは相性がとても悪いようです。先日は、着替えが遅いと言われ、他の利用者の前でいきなり全裸にされて3分以内に服を着ろと命令されたようです。いくらなんでも、それはやりすぎだと思うのですが、それを指摘すると「二度と連れてこないでくれ」と言われてしまいそうで、怖くて言えません。どうしたらいいのでしょうか。

A　本問のような場合は、虐待ケースと捉えて、通報に基づく措置が採られてしかるべきだと思います。そうでなければ、この職員の行為がエスカレートしていっているにもかかわらず、「訓練のために必要だ」などと正当化していく歴史を繰り返すだけになってしまうからです。利用者が怪我をする前の段階で、早期発見・早期介入が図られなければなりません。もっとも、本問のように虐待行為が組織的なものでなく、特定職員の暴走に基づくような場合には、苦情解決制度をまずは利用してみることも考えていいのではないかと思います。

Q13 解説

1 障害者虐待防止法の概要

(1) 総論

　障害者虐待防止法（障害者虐待の防止、障害者の養護者に対する支援等に関する法律）は、障害者に対する虐待の禁止、障害者虐待の予防および早期発見その他の障害者虐待の防止等に関する国等の責務、障害者虐待を受けた障害者に対する保護及び自立のための措置、養護者の負担の軽減を図ること等の養護者に対する養護者による障害者虐待の防止に資する支援のための措置等を定めることによって、障害者虐待の防止、養護者に対する支援等に関する施策を促進し、障害者の権利利益の擁護に資することを目的としています（1条）。

　障害者虐待防止法が定めている障害者虐待の定義は、養護者、障害者福祉施設従事者等および使用者が行う次の五つの行為です（2条）。

① 障害者の身体に外傷が生じ、または生じるおそれのある暴行を加えること（身体的虐待）、または、正当な理由なく身体を拘束すること（身体拘束）

② 障害者にわいせつな行為をすることまたは障害者をしてわいせつな行為をさせること（性的虐待）

③ 障害者に対する著しい暴言または著しく拒絶的な対応その他障害者に著しい心理的外傷を与える言動を行うこと（心理的虐待）

④ 障害者を衰弱させるような著しい減食または長時間の放置、養護者以外の同居人による①②③と同様の行為の放置等養護を著しく怠ること、または、職務上の義務を著しく怠ること（ネグレクト）

⑤　障害者の財産を不当に処分することその他障害者から不当に財産上の利益を得ること（経済的虐待）

なお、財産上の不当取引に関する被害は、障害者虐待防止法で規律するのではなく、消費生活に関する業務担当部局等の関係機関が担当するものとされています（43条）。

国および地方公共団体は、障害者虐待の予防および早期発見その他の障害者虐待の防止、障害者虐待を受けた障害者の迅速かつ適切な保護および自立の支援、適切な養護者に対する支援を行うため、関係機関等との連携強化や必要な体制整備に努めなければなりません（4条）。障害者福祉に関わる施設・学校・医療機関・保健所等の団体、施設従事者・学校の教職員・医師・歯科医師・保健師・弁護士等の専門職は、早期発見のための努力義務を負っています（6条）。また、障害者虐待や財産上の不当取引の場合、成年後見制度の利用促進について規定が設けられています（44条）。

また、障害者虐待防止法では、新たな取組みとして、市町村が市町村障害者虐待防止センターとしての機能を果たすべきことを定め（32条）、都道府県が都道府県障害者権利擁護センターとしての機能を果たすべきことも定めました（36条）。

障害者虐待防止法は、養護者による障害者虐待防止に関する規律、障害者福祉施設従事者等による障害者虐待防止に関する規律、使用者による障害者虐待に関する規律、就学する障害者等に対する虐待防止に関する規律、を定めています。以下では、それぞれの規律の概要をまとめておきます。

（2）　養護者による障害者虐待防止に関する規律

養護者による障害者虐待を受けたと思われる障害者を発見した者は、速やかに市町村に通報しなければならないものとしています（7条）。障害者虐待の通報がなされた場合、市町村は、速やかに障害者の安全の確認等のための措置を講ずるとともに、障害者の生命・身体に重大な危険が生じ

ているおそれがあるときは、迅速に一時保護などの措置を行います（9条）。また、市町村は、必要な居室を確保するための措置を講じなければなりません（10条）。

　市町村長は、養護者による障害者虐待により障害者の生命・身体に重大な危険が生じているおそれがあると認めるときは、障害者福祉部局の職員に障害者の住所または居所に立ち入り、必要な調査または質問をさせることができます（11条）。この場合、市町村長は、警察署長に対して援助要請ができます（12条）。障害者が施設に一時保護された場合、市町村長または施設管理者は、障害者虐待を行った養護者との面会を制限することができます（13条）。

　市町村は、養護者の負担の軽減のため、養護者に対する相談、指導および助言その他必要な措置を講ずるものとしています（14条）。

(3)　障害者福祉施設従事者等による障害者虐待防止に関する規律

　障害者福祉施設従事者等は、同僚による障害者虐待を受けたと思われる障害者を発見した場合、速やかに市町村に通報しなければならないものとされています（16条）。この通報がなされた場合、市町村は都道府県に報告し（17条）、市町村長または不道府県知事は社会福祉法または障害者総合支援法等の規定による権限を適切に行使することとされています（19条）。

　都道府県知事は、毎年度、障害者福祉施設従事者等による障害者虐待の状況・とった措置などを公表しなければなりません（20条）。

(4)　使用者による障害者虐待防止に関する規律

　障害者は、就労現場で虐待を受けることもあり、障害者虐待防止法は就労現場における虐待防止に関する規律も設けています。まず、使用者による障害者虐待を受けたと思われる障害者を発見した者は、速やかに市町村

または都道府県に通報しなければならないものとされています（22条）。

この通報がなされた場合、市町村は都道府県に通知し（23条）、都道府県は都道府県労働局に報告しなければならないとされています（24条）。都道府県労働局が報告を受けたときは、都道府県労働局長または労働基準監督署長もしくは公共職業安定所長は、都道府県との連携を図りつつ、関連法規による権限を適切に行使することとされています（26条）。使用者による障害者虐待に関しても、厚生労働大臣による公表措置がとられます（28条）。

(5) 就学する障害者等に対する虐待防止に関する規律

就学する障害者に対する虐待防止措置については、学校長が責任をもつこととされています（29条）。保育所や認定こども園に通う障害児に対する虐待防止措置については、それらの長が責任をもつこととされています（30条）。医療機関を利用する障害者に対する虐待防止措置については、その管理者が責任をもつこととされています（31条）。

2 障害者虐待防止法の問題点

障害者虐待防止法は、虐待の定義に、正当な理由のない身体拘束も虐待に該当するものとして規定しました。また、使用者による障害者虐待に関しても規律を設けました。さらに市町村障害者虐待防止センターや都道府県障害者権利擁護センターの機能をもつべきことも明らかにしました。これらの諸点は、児童虐待防止法や高齢者虐待防止法をさらに一歩進める立法化作業を行ったものと評価できます。しかし、それらのことは正当に評価すべきだとはいえ、まだ問題点も残されているというべきでしょう。

まず、高齢者虐待防止法と同様、障害者虐待防止法でも、しつけを問題にすべきではありませんから、虐待の定義自体がかなり狭いものになって

いるという点があります。特に障害者虐待では、訓練や指導の名のもとに虐待行為が行われてきたのであって、もっと緩やかな介入のための緩やかな定義が必要だと思います。

次に、障害者虐待防止法が正当な理由のない身体拘束を身体的虐待の定義の中に盛り込んだことには疑問が残ります。正当な理由のない身体拘束は、褥瘡などの身体的被害を生じるから禁止すべきとされているのではありません。他者の利益のために本人の人格を否定するところに禁止の根拠があるはずです。したがって、褥瘡が生じないなら身体拘束も許されるなどという勝手な解釈を許さないようにきびしい運用をすることが必要となると思います。

さらに、市町村障害者虐待防止センターと都道府県障害者権利擁護センターが適切な機能を発揮できるかどうかが今後の最大の鍵になるにもかかわらず、地方公共団体で積極的な取組みがなされているかが問題です。もし人員配置も予算も不十分な状態で各センターの看板が掲げられているだけというのであれば、虐待防止どころか通報してもまったく動いてくれないという絶望だけを生み出してしまうおそれがあります。また、児童虐待や高齢者虐待についても、このようなセンター機能がなくていいのかも問題です。

3 虐待行為への対応

本問では、特定の職員だけが身体的暴行行為を行ったり、無理難題をふっかけて障害者の人格を害するような言動をしたりしているようです。他の利用者の前で全裸にする行為は、性的虐待に該当すると思います。しかし、前述したように、障害者虐待防止法における虐待の定義は非常に狭いものですから、本問における他の行為がただちに虐待ケースに該当するかどうかはあまり明確でないといえるでしょう。しかし、現状で怪我をしていな

いといっても、本問のような状況が続いて行けば、身体的虐待に該当する蓋然性は高いといっていいのではないかと思います。

　いずれにしても、本問のような場合は、虐待ケースと捉えて、通報に基づく措置が採られてしかるべきだと思います。そうでなければ、この職員の行為がエスカレートしていっているにもかかわらず、「訓練のために必要だ」などと正当化していく歴史を繰り返すだけになってしまうからです。利用者が怪我をする前の段階で、早期発見・早期介入が図られなければなりません。

　また、相談者が騒いだら「二度と来ないでくれ」と言われるのではないかとおそれていることに注意が必要です。社会福祉施設は、正当な理由がないのにサービスを提供するのを拒否することが法令（運用基準）で禁止されています（サービス提供の申込みに対して応諾義務があるとされています）。客観的に正当な理由がないにもかかわらず、「二度と来ないでくれ」ということは明らかな法令違反になります。相談者がそのように言われるのをおそれているということは、過去にそのような言動やそぶりがあったからではないかと思われますし、そのような言動やそぶりがなされることは、虐待行為が横行する温床になっているのです。虐待通報に基づく指導や措置によって、早期にそのような虐待の芽をつんでいくことが重要です。

4 苦情解決制度による解決

　もっとも、障害者を抱える家族は、あまりおおごとにしてしまうと、受入先がなくなってしまうのではないかとのおそれから、虐待通報を行うのを躊躇してきました。特に、本問のように本人の命に関わるとまではいえない段階の場合、そのように考えて我慢せざるをえなかったことが多かっただろうと思います。行政窓口でも、「それくらいのことは我慢してもいいんじゃないか」というあしらいを受けてしまい、無力感に苛まれた家族

も多かったと思います。しかし、そのような躊躇や我慢が生じるような状態はなくなるべきものだと思います。社会福祉構造改革で福祉サービスの提供方式が措置から契約に転換したのは、事業者と利用者の対等性を確保して、利用者の人格を尊重するシステムにつくり替える必要があったからなのです。虐待行為の通報を行うことを躊躇したり我慢したりする状態が存在する限り、社会福祉基礎構造改革は実現していないのです。

　それでは、本問のような場合、通報すべきかどうかですが、筆者は本問のような場合にこそ通報によって早期発見・早期介入が図られるべきだと思います。ただし、現実の行政窓口がそれで適切に動いてくれるかどうかについては、筆者自身も不安をもっています。なぜなら、行政窓口の対応は、専門家要請が行われていないために、いい人が担当してくれているなら機能しているが、そうではない場合には機能していないというのが現実だからです。もし通報に適切に対応してもらえなければ、本問の問題職員に逆恨みを買ってしまうかもしれないというおそれは消えません。

　そうだとすれば、虐待通報の前にもっとソフトな形で対応を求める方法としては、事業者段階での苦情解決制度を利用する方法があります。虐待自体を問題とするというよりも、サービス利用によって不適切な取扱いを受けていることを問題とし、苦情解決窓口に苦情という形で取り上げてもらい、苦情解決責任者による問題解決を求めるのも有効かもしれません。逆恨みや報復のおそれがある場合には、第三者委員に介入してもらい、第三者委員からその職員を監督してもらうのも有効かもしれません。虐待行為が本問のように組織的なものでなく、特定職員の暴走に基づくような場合には、苦情解決制度をまずは利用してみることも考えていいのではないかと思います。

Q14

虐待の定義と現場のトラブル

　私の母はある老人ホームで生活しています。ホームの職員たちも母にはよくしてくれているようなのですが、先日、インターネットで検索していたところ、母が口紅で顔に落書きされた状態で泣きそうな表情の写真がアップされており、ホームの職員が「私が担当しているかわいいおばあちゃん」というコメントを付していました。他の職員に確認したところ、母が嫌がっていたため、その職員が無理やりに言うことをきかせていたと教えてくれました。こんなことが許されていいのでしょうか。虐待にならないのでしょうか。

A　利用者の写真を勝手に取ってサイトにアップするなどの行為は、それだけでは人権を害する行為ではあっても虐待防止法の虐待の定義には当てはまりません。しかし、一般的には人権侵害行為があれば、虐待問題だと認識されるはずです。虐待防止法で禁止されていないからといって、人権侵害行為が許されるはずはありません。社会福祉の現場では、一般的な虐待問題が起きないような施設運営システム管理を行うべきです。また、職員の倫理教育を行うことによって、職員が利用者の人格を尊重できるような取組みを行っていくべきです。さらに、職員間のコミュニケーションの機会と時間を確保することによって、本問のような人権侵害行為が行われないよう注意すべきだと思います。

Q14 解説

1 虐待問題と虐待防止法

　平成12年5月に児童虐待防止法、平成13年4月にDV（ドメスティック・バイオレンス）防止法、平成17年11月に高齢者虐待防止法、平成23年6月に障害者虐待防止法がそれぞれ成立して、家庭内虐待問題に関しては、虐待防止法制が一応整いました。これらの立法化をきっかけとして、社会福祉法人内部でも虐待防止のための取組みが推進されてきたはずです。しかしそこには落とし穴がありました。虐待防止法を遵守することが虐待問題に対する対処なのかという点です。つまり、虐待問題は虐待防止法違反問題なのかということを考えておく必要があります。

　確かに、虐待防止法制によって、利用者が虐待を受けることなく生活できる権利はある程度保障されることになったと思います。それは、虐待防止法制が確立された成果として評価すべきと考えています。しかし、それぞれの虐待防止法が遵守されていれば、虐待行為に対する対処は十分であるということにはなりません。虐待防止法の遵守は、虐待問題防止の必要条件ではあっても、十分条件ではないのです。なぜなら、虐待防止法が禁止しているのは、きわめて限られた範囲の行為にすぎないからです。

2 虐待に関する認識のズレ

　虐待防止法が定めている虐待の定義は、たとえば、身体的虐待については、Q11からQ13で述べたように、「身体に外傷が生じ、又は生じるおそれのある暴行を加えること」（児童虐待防止法2条1号、高齢者虐待防止法2条4項1号イ、障害者虐待防止法2条6項1号イ）と定められています。つ

まり、怪我をしたか怪我をするような暴行を加えたことが虐待であって、それ以外の暴行行為は虐待防止法上の虐待には該当しないことになります。

しかし、社会福祉の現場で"虐待"と呼ばれている不祥事には、さまざまなものがあります。竹刀で殴る、タバコの火を押しつけるなどの古典的な暴力行為は、虐待防止法の身体的虐待にそのまま当てはまります。性的ないたずら行為も、虐待防止法による性的虐待にそのまま当てはまりますから、虐待防止法の定義とのズレはあまりないことになります。

ところが、利用者の顔に落書きして写メで送った、利用者の恥ずかしい表情をフェイスブックにアップした、トイレで盗撮行為を行った、などの行為については、虐待防止法の虐待の定義にはそのまま当てはまるものがありません。それにもかかわらず、新聞などでは"虐待行為があった"と報道されていますし、一般の人もそれらは虐待行為であると認識していると思われます。

つまり、虐待防止法の虐待の定義と、一般社会で考えている虐待の意味との間には、相当なズレがあるのです。正当な理由のない身体拘束についても、従来の虐待防止法の定義には含まれていませんでしたが、障害者虐待防止法では虐待の定義に「正当な理由なく障害者の身体を拘束すること」を組み込みました。したがって、障害者虐待に関しては、身体拘束に関する虐待の意味のズレを法律でもって修正したことになったわけです。

3 虐待対応のズレが生むもの

虐待の意味にズレがあるということは、社会福祉の現場で、虐待防止法に基づく禁止行為に目を奪われて、それ以外に重要な本質的取組みを行わなければ、ただちに社会的な信頼を失う危険があるということにもなりかねないのです。社会福祉の現場でもコンプライアンスということが喧伝さ

れて久しくなりますが、虐待防止という点を取り上げると、単なる法令遵守というだけでは、社会福祉に関する社会的な信頼は勝ち取ることができないことになってしまいます。

　社会福祉の世界は、私的利益のために事業を行っているのではなく、公共的利益のために事業を行っています。だからこそ、事業運営主体の参入が制限され、税制上も特例措置が付されているのです。それなのに、社会福祉法人が形式的な法令遵守にしか取り組まないのであれば、事業運営主体の参入制限も税制上の特例措置もなくてもいいはずだ、イコールフッティングが正しいんだと考えられて不思議ではなくなってきます。

　社会福祉法人の行う事業では、公共性に直接応える取組みを行っていかなければ、社会的な信頼を獲得していくことはできません。しかも、私的利益を重視する営利事業ではなしえない取組みを行っているんだということを明確にしていかなければ、社会的な信頼を獲得していくことはできません。そのような意味で、社会が虐待と考えている虐待問題に対しても、いかに適切に対処できているかが大事になってくるはずです。したがって、法令遵守を超えたコンプライアンスという発想がこれからの社会福祉の現場には不可欠になるだろうと思います。

4 社会福祉の現場では何をすべきか

　社会福祉の現場で、虐待防止法が禁止している古典的な意味での虐待事件が頻繁に起こっているわけではありません。しかし、社会的な意味での一般的な虐待問題は、どのような社会福祉の現場にも起こりうるという認識をもつことこそが重要なのではないかと思います。社会福祉の現場が社会的な信頼に応えていくためにも、そのような虐待問題が起こらないような日々の実践が大事なのです。

　それでは、どういうことを行っていけばいいのでしょうか。第一に、基

本的な施設運営のシステムをチェックし、一般的な虐待問題が起きないようなシステム管理を行うべきです。たとえば、施設内で自由に私的な携帯電話を使用したり、私的にパソコンを利用したりすることを就業規則等できちんと禁止し、日常的な業務監督をきちんと行っていくべきでしょう。

　第二には、職員の倫理教育をしっかり組織的に行うことによって、職員が利用者の人格を尊重できるような取組みを行っていくべきです。社会福祉の利用者には、判断能力が不十分な人が多くいるため、ややもすると、職員が独善的になって一方的な思い込みによる行動を取ってしまいがちになります。しかも、日常的に忙しい現場ですから、利用者一人一人の人格を尊重するという感覚が麻痺してしまい、職員が一方的に働きかけるしかない存在になってしまうこともあります。社会福祉の現場職員が社会福祉の原点に帰って仕事をしていくためには、倫理教育や人権研修などを欠いてはいけないのではないかと思います。

　そして第三に、職員間での風通しをよくするよう心がけて、職員間のコミュニケーションの機会と時間を確保すべきだと思います。社会福祉事業の経営者が個々の職員をすべて24時間監督することは不可能ですし、妥当なことでもありません。むしろ、相互チェックに止まらない職員間のコミュニケーションこそが、一般的な虐待問題などの不祥事防止や職員のスキルアップにつながっていくのだろうと思います。そして、さらに重ねていえば、そのような職場環境がつくられることによって、社会福祉の現場に特有な人間関係が難しいという離職理由の解消にもつながっていくのではないかと思います。

Q15

虐待の防止と現場のトラブル

　私が住んでいる地域では、最近、虐待通報が増えてきたと聞いています。虐待通報によって早期発見と早期介入が進むことはいいのですが、虐待通報があったということは、もうすでに虐待事件が起きているということです。虐待事件が起きてからは、地域包括支援センターや虐待防止センターの職員が対応してくれるようですが、そもそも虐待事件が起きないようにするにはどうしたらいいのでしょうか。今までの虐待防止法とは別に、虐待予防法をつくってもらったほうがいいのでしょうか。

A　現在の虐待防止法制は、虐待が発生したことをはじまりとして、その後の対応システムを定めています。したがって、現在の虐待防止法制は、虐待の「再発防止」法制なのです。虐待の予防は、虐待の原因を探り出し、その原因に対する支援を制度化して、構造的な虐待を事前に予防していくことにありますから、本当の虐待防止法とは、構造的な虐待を事前に予防するためのさまざまな支援法のことを指しているのです。虐待を予防するためには、虐待の原因を除去しなければならないのですが、さまざまな原因をすべて一つの法律で除去することを考えるのは、あまり現実的ではないと思います。したがって、虐待予防法をつくるよりも、さまざまな虐待の原因に対する支援法を充実させることが重要だろうと思います。

Q15 解説

1 虐待防止法制の意味

　平成23年6月に障害者虐待防止法が成立したことによって、家庭内虐待防止法制は、一応整備されたと評していいと思います（**Q14**を参照）。施設内虐待防止法制については、高齢者虐待防止法と障害者虐待防止法には規定が置かれていますが、児童虐待防止法には規定がありません。児童に関する施設内虐待をどうするかは非常に難しいデリケートな問題ですから、そこは今後の課題であるといえるでしょう（**Q11**を参照）。

　家庭内虐待は、経済的虐待や性的虐待を除いて、家庭内介護における介護ストレスを原因としているため、介護者（法令では「養護者」という用語を使っています）が介護ストレスを抱えて虐待行為に陥ったりしないよう、現在の虐待防止法制では、介護者を支援することも目的とされています。それ自体は正しい方針ですし、このような家庭内虐待防止法制が整備されたのは、虐待された人にとっても虐待してしまった人にとっても非常に重要なことであったと思います。

2 虐待事件の再発防止法

　しかし、児童虐待防止法、高齢者虐待防止法、障害者虐待防止法は、本当に虐待防止法といえるのでしょうか。本当の虐待防止法とは何なのだろうかということをここで立ち止まって考えてみるのは悪くないだろうと思います。たとえば、高齢者虐待防止法における家庭内虐待については、虐待を受けたと思われる高齢者の生命・身体に重大な危険が生じているときには、虐待の発見者は通報義務を負い、市町村は通報に基づいて事実確認

や一時保護の措置を採るものと定めています（7条から19条まで）。そして、虐待行為を繰り返してしまわないよう、養護者を支援することについて定めています（14条）。障害者虐待防止法でも同様な内容が定められています（**Q12**、**Q13**を参照）。

したがって、現在の虐待防止法は、本当の意味での虐待「防止」法ではなく、虐待事件が起きた場合に、早期発見・早期対応が最も重要であることを前提として、虐待行為が繰り返されないよう配慮しているのです。つまり、虐待行為が発生したことをはじまりとして、その後の対応システムを定めていることになります。したがって、現在の虐待防止法は、正確に言えば、虐待の「防止」法ではなく、虐待の「再発防止」法にすぎないともいえるのです。

3 虐待事件の事前予防

それでは、虐待を防止するためには、どうしたらいいのでしょうか。直接的に虐待を防止することを目的とする法制度は存在していません。直接的に虐待が起きないように定める法制度をつくることなど可能なのでしょうか。筆者はそうではないだろうと思います。なぜなら、虐待が起きてしまう原因はさまざまだからです。虐待を予防するためには、虐待の原因を除去しなければならないのですが、さまざまな原因をすべて一つの法律で除去することを考えるのは、あまり現実的ではないと思いますし、抽象的な定めしか置けないのではないかと思います。

それでは、どのような対処が考えられるのでしょうか。身体的虐待、ネグレクト、心理的虐待などの家庭内虐待の主たる原因が介護者の介護ストレスにあるのだとすれば、虐待行使に陥る前に介護ストレスを生じないような支援システムを構築していけばいいはずです。今まで、そのような法的支援システムは存在していなかったのでしょうか。実は、今までにもさ

まざまな形で、そのような法的支援システムはつくられてきたのです。

4 生活困窮者自立支援法による虐待予防

たとえば、児童虐待については、最近、新しい法的支援システムがつくられました。平成25年12月に改正生活保護法と生活困窮者自立支援法が成立しました。生活困窮者自立支援法では、必須事業として、自立相談支援事業の実施と住居確保給付金の支給が定められ、任意事業として、就労準備支援事業、一時生活支援事業および家計相談支援事業などが定められています。このうち、家計相談支援事業には、家計に関する相談、家計管理に関する指導、貸付けのあっせんなどが含まれており、生活困窮家庭の子どもに対しては、学習支援事業が定められています。

現代の貧困問題には、離婚に基づく母子の貧困があります。若年で結婚して子どもが生まれたにもかかわらず、父親が家庭を顧みず、子どもの養育費も支払おうとしないために、夫婦は離婚となってしまい、ひいては母子の貧困を生みだしているのです。そして、こうした離婚に基づく母子の貧困問題は、母から子に対する虐待問題（特にネグレクト）に直結してしまうという構図が出来上がっています。離婚に基づく母子の貧困問題ひいては母から子に対する虐待問題を解決していくためには、今までの生活保護法の運用を改めるとともに、新しく成立した家計相談支援事業や学修支援事業などが実効化していく必要があります。

5 虐待の予防に何が必要なのか

この新しい家計相談支援事業などが実効化していくならば、少なくとも離婚を原因とする児童虐待の防止も図られることになるはずだと思います。つまり、虐待防止とは、虐待行為の原因を探り出し、その原因に対す

る支援を制度化して、構造的な虐待行為を事前に予防していくことにあるのであって、本当の虐待防止法とは、構造的な虐待行為を事前に予防するためのさまざまな支援法のことを指しているのです。

　生活困窮者自立支援法に基づく新しい制度に関しては、生活保護法の運用実態を適正化するなどという目的にとどまるのではなく、児童の命のかけがえのなさを受け止め、児童虐待が起きないようにしていくために、新しい制度を具体的な施策形成に努めていくことこそが本当の虐待防止なのです。生活困窮者自立支援法は平成27年4月1日から施行されていますが、各地方公共団体がそのような新しい制度の重要性を認識して、積極的な取組みを展開していくことを望みたいと思います。

第4章

労務管理と現場のトラブル

Q16 利用者の暴行と現場のトラブル

　私は、特別養護老人ホームに勤務していますが、認知症で問題行動が多い利用者がおり、その人は深夜不穏になって、私たちに暴力を振るうことがあります。先日、深夜にフットセンサーが反応したので、すぐにその人のところに行ってみると、暴言を吐きながら殴りかかってきました。私は、すぐに他の職員の応援を呼びましたが、深夜のことでもあって、他の職員が来るのが遅れ、私は殴られて倒れてしまい、何回も蹴られて、全治1週間ほどの怪我をしてしまいました。施設長は、「そういう利用者もいるのだから、スキルアップを図って気をつけておきなさい」というだけで何の対応もしてくれません。私は怪我の治療費なども自分で負担しなければならないのでしょうか。

A　労働者の勤務中の怪我は、労働者のスキルが十分であったかどうかだけの問題ではなく、雇用契約上の法的義務違反があったかどうかの問題になります。雇用主は労働者の生命・身体等の安全に配慮する義務を負っていますから、雇用主に安全配慮義務違反があれば、雇用主は労働者に対して損害賠償責任を負うことになります。暴力的な利用者がいる場合、担当職員が他の職員に応援を求めたりして安全を確保できるような体制づくりをしていない以上、法人は安全配慮義務違反として損害賠償責任を負うことになります。また、本問は業務中の事故ですから、労働災害として労災保険の給付を請求することができます。

Q16 解説

1 労働者に対する安全配慮義務

　福祉サービス利用契約においては、事業者は利用者に対してその生命・身体・財産などに関する安全に配慮する義務を負うとするのが判例です。そして、福祉サービス利用契約を実行する事業者側においては、雇用主は被用者に対してその生命・身体に関する安全に配慮する義務を負うと定められています。平成19年に成立した労働契約法では、「使用者は、労働契約に伴い、労働者がその生命、身体等の安全を確保しつつ労働することができるよう、必要な配慮をするものとする」（5条）と定めています。

　したがって、労働者が勤務中に怪我をしてしまったという問題は、労働者のスキルが十分であったかどうかという問題ではなく、雇用契約上の法的な義務の違反があったかどうかという問題です。労働者が職務を遂行するにあたっては、雇用主は労働者の生命・身体等の安全を確保しつつ労働することができるように配慮しなければならないのですから、雇用主に安全配慮義務違反があれば、雇用主は労働者に対して損害賠償責任を負うことになります。

2 認知症の利用者と不穏な場合の対処

　認知症の利用者には、ときどき不穏になって、職員に暴力を振るう人がいます。高齢者施設だからといって、甘くみてはいけません。高齢者とはいえ、その人が本気になって暴力を振るい始めると、そう簡単に止められるものではありません。しかも、そのような不穏な状態になるのは、男性利用者に限っていません。ときには、女性利用者のほうがものすごい力で

職員に暴力を振るうこともあります。

　そうだとすれば、特別養護老人ホームを経営して、認知症高齢者を受け入れている以上、利用者から職員に対する暴力行為については、経営者側が職員の安全に配慮した対策を立てておかなければならないことになります。どのような安全対策をすればいいのかについては、なかなか難しいところですが、東京地方裁判所で平成25年2月19日に言い渡された判決が参考になるでしょう。

3 東京地方裁判所─平成25年2月19日判決の事例

　この事件は、特別養護老人ホームでの事件ではなく、介護型療養病棟などを有する病院での事件です（東京地判平成25年2月19日判時2203号118頁）。看護師であったAさんが循環器呼吸器病棟に勤務しており、準夜勤として勤務していたところ、冠状動脈疾患集中治療室に入院していたBさん（当時90歳）が午後9時ころに大声で叫び出し、点滴管を引き抜こうとしたり、ベッドから床に飛び降りようとしたりしました。Aさんは、ナースコールで他の看護師の応援を求めながら、Bさんが飛び降りようとするのを防ぐため、Bさんを押さえようとしたところ、Bさんから胸ぐらをつかまれて逆に押さえつけられ、右足で頸部や肩などを5回ほど蹴られてしまい、怪我をしたというものです。

　この事件について判決は、「入院患者中にかような不穏な状態になる者がいることもやむを得ない面があり、完全にこのような入院患者による暴力行為を回避、根絶することは不可能であるといえるが、事柄が看護師の身体、最悪の場合生命の危険に関わる可能性もあるものである以上、被告としては、看護師の身体に危害が及ぶことを回避すべく最善を尽くすべき義務があったというべきである。したがって、被告としては、そのような不穏な患者による暴力行為があり得ることを前提に、看護師全員に対し、

ナースコールが鳴った際、(患者が看護師を呼んでいることのみを想定するのではなく、)看護師が患者から暴力を受けている可能性があるということをも念頭に置き、自己が担当する部屋からのナースコールでなかったとしても、直ちに応援に駆けつけることを周知徹底すべき注意義務を負っていたというべきである」と判断しました。

4 特別養護老人ホームにおける職員への安全配慮義務

　平成25年2月19日の東京地裁判決は、病院での事例ですから、ナースコールを最も重要なツールとしていますが、特別養護老人ホームでも同じような考え方でいいのではないかと思います。もっとも、特別養護老人ホームの夜勤のとき、徘徊癖のある認知症高齢者が複数いる場合には、ただちに他の夜勤職員が応援対応を取れるかとどうかは、病院よりも苛酷になってしまう可能性があります。他の職員が他の利用者に対応している最中であれば、その利用者の安全を先に確保しない限り、応援対応を取ることができないからです。

　なかなか悩ましい問題ですが、リスクマネジメントの視点からは、常に利用者の状況を確認しておき、暴力などの問題行動が著しい利用者がいるときには、夜勤などの人数を増やすなどの工夫が必要になるでしょう。いずれにしても、施設側で職員の安全配慮体制の構築が不十分であれば、施設側が職員に対して安全配慮義務違反の責任を負うこととなり、職員の被った損害を賠償しなければなりません。また、本問は業務中の事故ですから、労働災害として労災保険の給付を請求することができます。

Q17

利用者の差別と現場のトラブル

　身体障害によって車椅子生活を送っているAさんは、私が勤務しているデイサービスに通所しています。先日、Aさんの近所にできたスーパー銭湯で、Aさんが車椅子のまま浴場に入ろうとしたところ、銭湯の従業員から車椅子のまま入らないでくださいと止められてしまったとのことです。Aさんは、その銭湯の対応が許せないとして裁判を起こすと言っていますが、障害者差別解消法ができたことによって、従業員の拒否行為は違法なものになってしまうのでしょうか。

A　浴場内に車椅子で入ることは、衛生などの観点からそのまま認められるものではないだろうと思います。しかし、障害者差別解消法によれば、公衆浴場を経営する事業者は、障害者から現に社会的障壁の除去を必要としている旨の「意思の表明」があった場合には、その実施に伴う「負担が過重でないとき」は、社会的障壁の除去の実施について「必要かつ合理的な配慮」をしなければなりません。そうすると、浴場内に浴場用の車椅子を設置する、車椅子利用者を優先する洗い場を設ける、車椅子利用者が浴槽に入りやすいような構造とする、などの対応が考えられますから、少なくとも浴場用の車椅子を設置する程度の負担であれば、過重とはいえないのではないかと思います。したがって、そのような措置をまったく取ろうとしなければ、銭湯の拒否行為は障害者差別解消法に違反するとされ、不法行為責任を負うということもありうるだろうと思います。

Q17 解説

1 障害者差別解消法の概要

　障害者差別解消法（障害を理由とする差別の解消の推進に関する法律）は、平成20年5月に発効した障害者権利条約を受けて、平成25年6月に成立しました。障害者差別解消法は、一部を除いて平成28年4月1日に施行されることとなっています。

　障害者差別解消法は、平成16年および平成23年の障害者基本法改正における障害を理由とする差別禁止を前提に、国（独立行政法人を含む）および地方自治体には法的義務として、民間事業者には努力義務として、障害者差別禁止の理念を具体化していくものとし、不当な差別的取扱いを禁止し、合理的配慮の不提供を禁止するものです（7条、8条）。

　具体的には、差別を解消するための措置として、差別の解消の推進に関する基本方針を策定・閣議決定し（6条）、国（独立行政法人を含む）および地上自治体に対しては「国等職員対応要領」および「地方公共団体等職員対応要領」を定め（9条、10条）、民間事業者に対しては「対応指針」（ガイドライン）を定めることとしています（11条）。また、差別を解消するための支援措置として、既存の相談・紛争解決の制度を活用・整備するとともに（14条）、必要な啓発活動（15条）や情報の収集活動等（16条）を行い、地域に「障害者差別解消支援地域協議会」を組織することとしています（17条）。

　障害者権利条約は、障害者差別についても規定しており、障害に基づく差別には合理的配慮の否定を含むこと（2条）、一般原則としての無差別原則（3条（b））、一般的義務として、障害者に対する差別となる既存の法律、規則、慣習および慣行を修正し、または廃止するためのすべての適

当な措置（立法を含む）をとること（4条1項（b））、などが定められています。わが国でも障害者基本法の改正等で対応してきたところでしたが、障害者差別解消法等の整備をもって、平成26年1月に障害者権利条約の批准書が承認されました。

　障害者権利条約においても、障害者差別解消法においても、非常に重要な概念となっているのが、「合理的配慮」という概念です。障害者権利条約では、「合理的配慮」につき、「障害者が他の者との平等を基礎としてすべての人権及び基本的自由を享有し、又は行使することを確保するための必要かつ適当な変更及び調整であって、特定の場合において必要とされるものであり、かつ、均衡を失した又は過度の負担を課さないもの」と定義されています（2009年政府仮訳2条）。

　つまり、合理的配慮を否定することは差別となるのですが、過度の負担を課すようなことまでは要求しえないとされています。障害者差別解消法でも、障害者から現に社会的障壁の除去を必要としている旨の「意思の表明」があった場合、その実施に伴う「負担が過重でないとき」は、社会的障壁の除去の実施について「必要かつ合理的な配慮」を要するものとされています（7条、8条）。

　知的障害や精神障害のある人にとっては、「意思の表明」自体が困難な場合があり、「意思の表明」の前段階である意思・意向の決定段階から支援が必要になると思われます。身体障害のある人にとっても「意思の表明」には相当なエネルギーを要しますから、具体的な「意思の表明」の支援は必要になると思われます。また、「負担が過重でないとき」がどのような場合を指すのか解釈上問題となります。何をもって負担が過重となるかどうかについては、あくまでも客観的な事情で考えるべきでしょう。合理的配慮の有無については、障害者本人とのコミュニケーションを十分に行って、どのように差別解消が図られるべきであるかを検討していくことが大事なのであって、ガイドラインの策定を含む今後の具体的な取組みが重要

となるでしょう。

2 東京地方裁判所—平成25年4月22日判決の事例

　東京地方裁判所で平成25年4月22日に言い渡された判決の事案は、まさに本問のようなものでした（東京地裁平成22年（ワ）第27464号）。

　銭湯の浴場に車椅子で入ることを拒否されたCさんらは、その銭湯を経営している株式会社に対して、不法行為に基づく損害賠償請求として、慰謝料300万円などを請求しました。
Cさんらの請求に対して、東京地裁の判決は、次のように述べて請求を棄却しました。

　「公衆浴場における浴場（浴室）は、多くの人が全裸で入る場所であり、その安全面と衛生面については十分な配慮を求められることはいうまでもないところ、車椅子のままでの入場を認めた場合、車椅子のタイヤ部分等から浴場内に付着物が持ち込まれるおそれを否定することはできない。とりわけ微細なものであったしても、金属片やプラスティック片等の付着物が持ち込まれ、それが浴場内に落下した場合、当該付着物により入浴客が負傷するおそれは否定し得ないし、細菌等が付着していた場合には、それによる感染のおそれも否定し得ない。また、車椅子のまま浴場に入ることを認めた場合、他の入浴客が、タイヤ等に付着した汚れなどを見て、安全面や衛生面に不安を感ずることもあり得るところである。

　さらに、一概に車椅子といっても、様々なものがあり、老朽化し、整備が十分にされていない場合には、部品が落下するなどの危険性もあり得るし、当該車椅子の形状、操作の仕方や止める場所、浴場の混雑状況等によっては、子供、高齢者及び視力の弱い入浴客等が当該車椅子と衝突し負傷する危険性も否定し得ない。そして、被告の従業員が、浴場内に入る車椅子の状況を入念にチェックしたり、他の入浴客と衝突しないかにつき注意を

払い続けることを求めるのは困難を強いることであるといわざるを得ない。

　以上によれば、被告は、本件銭湯を利用する全ての顧客の安全面及び衛生面に配慮すべき義務を有するのであるから、被告が、このような観点から、原告らに対し、車椅子のまま浴場内に入ることを拒否したことは、やむを得ないことといわざるを得ず、不法行為を構成しないというべきである。」

3 合理的配慮をどのように考えるべきか

　以上の東京地裁の判決は、やむを得ないものだろうと思います。この判決は、障害者差別解消法が施行される前の事件になりますが、これからは、障害者差別解消法における合理的配慮がなされなくてもいいのでしょうか。また、合理的配慮はどのようになされるべきなのでしょうか。

　この点についても、東京地裁の判決は、周到に述べているところがあります。東京地裁の判決は、前段で述べた内容に続けて、次のように判示しています。

　「しかし、他方において、障害者基本法は、国民は、全ての国民が、障害の有無によって分け隔てられることなく、相互に人格と個性を尊重し合いながら共生する社会の実現に寄与するよう努めなければならず（1条、8条）、また、交通施設その他の公共的施設を設置する事業者は、障害者の利用の便宜を図ることによって障害者の自立及び社会参加を支援するため、当該公共的施設について、障害者が円滑に利用できるような施設の構造及び設備の整備等の計画的推進に努めなければならない（21条2項）と定めている。また、近年、障害者と障害者ではない者が同等の生活を送れる社会の形成を目指すことについて、国民のコンセンサスが得られていることは公知の事実である。

したがって、公衆浴場を経営する事業者は、車椅子を利用する身体障害者が、障害者ではない者と同様に、公衆浴場を利用できるよう最大限の配慮をすることが求められているということができる。その方法としては、浴場内に浴場用の車椅子を設置したり、車椅子利用者を優先する洗い場を設けたり、車椅子利用者が、浴槽に入りやすいような構造とすることなどが考えられる。そして、例えば、公衆浴場において、浴場内に浴場用の車椅子を設置し、それを利用することにより、車椅子利用者が、一定のルールの下で、一人で浴場に入るという事態が一般化し、かつ、そのような措置を採ることについて特段の支障がないにもかかわらず、公衆浴場を経営する事業者が、当該措置を採らなかった場合には、社会的相当性を逸脱する行為として、不法行為責任を負うこともあり得よう。

　しかし、現時点においては、車椅子を利用する身体障害者の浴場への入場について、事業者側が採るべき措置について定まったものがあると認めるに足りる証拠はなく、被告が特段の配慮的な措置を採らなかったからといって、直ちに不法行為責任を負うとまでは認め難い。

　もっとも、こうした状況が看過されることが好ましくないことはいうまでもなく、障害者基本法を始めとする障害者の福祉に関する諸法令の規定や趣旨等に鑑み、公衆浴場を経営する事業者等の関係者が、公衆浴場を利用する車椅子利用者に対する配慮的な措置の策定に努めていくことが求められているというべきである。」

　障害者差別解消法が施行されれば、公衆浴場を経営する事業者は、障害者から現に社会的障壁の除去を必要としている旨の「意思の表明」があった場合には、その実施に伴う「負担が過重でないとき」は、社会的障壁の除去の実施について「必要かつ合理的な配慮」をしなければならないことになります。この判決が述べているように、「浴場内に浴場用の車椅子を設置したり、車椅子利用者を優先する洗い場を設けたり、車椅子利用者が、浴槽に入りやすいような構造とすること」などが考えられますから、少な

くとも浴場用の車椅子を設置する程度の負担であれば、過重とはいえないのではないかと思います。したがって、そのような措置をまったく取ろうとしなければ、障害者差別解消法に違反して、不法行為責任を負うということもありうるだろうと思います。

Q18

職員の病気と現場のトラブル

　私の弟は、ある社会福祉法人で勤務していましたが、ストレスがたまって体調を壊して入院してしまったようです。しかし、業務負担だけでストレスがたまってしまったのかというと、どうもそうでなく、少なからず家庭内の問題もあるようです。社会福祉法人の理事長からは、「業務に耐えられそうにないのであれば、転職したほうがいいのではないか」と言われているようですが、このまま入院が続くと解雇されてしまうのでしょうか。

A 　労働契約とは、労働者が使用者に使用されて労働し、使用者がこれに対して賃金を支払うことを合意する契約のことを指しています。多くの就業規則では、「精神または身体の障害により業務に耐えられないとき」などを普通解雇事由として定めていますから、病気によって業務を遂行できない状態にあるときは、解雇されてしまう可能性があります。就業規則では、通常、病気による休職制度も定められていますから、まず、病気による休職制度が適用され、休職期間中に治癒すれば復職できますが、休職期間中に治癒しなければ解雇される可能性はあります。もっとも、職種や業務内容を特定しないで労働契約を締結した場合は、使用者が配置転換を命ずることができますから、配置転換が現実に可能である限り、使用者は労働者を解雇することはできないと思います。

Q18 解説

1 労働契約と職員の病気

　労働契約とは、労働者が使用者に使用されて労働し、使用者がこれに対して賃金を支払うことを合意する契約のことを指しています（労働契約法6条）。つまり、労働者が労務を提供し、その対価として賃金が支払われる関係になるのです。そうすると、病気によって労務が提供できない状態になれば、労働契約の目的を達成することができませんから、労働契約を解除する（解雇する）ことができます。

　通常は、就業規則において病気に基づく解除を定めています。使用者が合理的な労働条件が定められている就業規則を労働者に周知させていた場合には、労働契約の内容は、その就業規則で定める労働条件によるものとされています（労働契約法7条）。多くの就業規則では、「精神または身体の障害により業務に耐えられないとき」などを普通解雇事由として定めています。

　したがって、病気によって業務を遂行できない状態にあるときは、解雇されてしまう可能性があります。

2 職員の病気による労務提供不能

　「業務に耐えられない」あるいは「勤務に耐えられない」などという表現は、労務提供ができない、つまり、労務提供不能を示すものです。そうすると、病気になったからといってただちに労務提供不能といえるかどうかについては、よく検討してみる必要があります。労務提供不能かどうかは、単に一時的に不能状態であることを指しているのではなく、ある程度

長期間にわたる不能状態を指しているものと考えるべきです。

したがって、ある病気によって労務提供不能かどうかについては、医学的な観点からも考慮して判断することになります。そして、就業規則には、通常、病気による休職制度も定められていますから、まず、病気による休職制度が適用され、休職期間中に治癒して就労可能（労務提供可能）になれば復職になりますが、休職期間中に治癒しなければ就労不能（労務提供不能）となって、退職または解雇となります。つまり、休職制度は、労務提供不能となっても、ただちに労働者を解雇するのではなく、休職期間中は解雇を猶予するものになります。

3 配置転換の可能性と解雇

もっとも、労務提供不能かどうかは、病気になる前に担当していた業務に限定して考えていいものでしょうか。職種や業務内容を特定して労働契約を締結したのであれば、契約で特定した業務内容に関する労務を提供できなければ意味がありませんから、契約で定めた業務について労務提供不能かどうかを判断することになります。

しかし、職種や業務内容を特定しないで労働契約を締結した場合は、使用者は配置転換を命ずることができますから、病気になった労働者が病気前に担当していた業務に関する労務を提供することができなくても、それ以外の業務であれば労務を提供することができるのである限り、使用者は他の業務への配置転換も考慮しなければなりません。配置転換が現実に可能である限り、使用者は労働者を解雇することはできないと思います。

Q19

職員の怠慢と現場のトラブル

　私の友人が勤務している社会福祉法人で、ある職員が、欠勤・遅刻・私的外出を頻繁に繰り返しているため、施設長から叱られたようです。人員不足が著しい現状では、そのような勤務態度によるしわ寄せが私の友人に及んでおり、このような状態が続けば、私の友人も疲れて集中力を欠いて、介護事故を起こしてしまいそうだと悩んでいます。そういう怠慢な職員を解雇することはできるのでしょうか。

A　労働者は、使用者の指揮命令のもとで労務を提供する義務を負っていますから、欠勤・遅刻・私的外出などは、労働すべき時間内に労務を提供していないことになり、労働契約上の義務違反になります。勤務態度が不良な労働者を解雇するには、客観的に合理的な理由と相当性が必要とされていますから、欠勤・遅刻・私的外出の理由や原因、回数、程度、他の職員の業務に与える影響、改善の見込みのなさなどを検討しなければなりません。したがって使用者は、職員の勤務態度が不良なときには、そのつど、注意・譴責や戒告などの処分を重ねて、改善するよう本人に促しておくべきです。使用者がこれまでに何度も職員本人に注意してきたにもかかわらず、その態度が改まらないのであれば、改善の見込みなしとして解雇することが許されると思います。そのためには、そういう事実を繰り返してきたことを証明できるよう、日常的に記録を作成・管理しておくことが重要ですし、注意処分なども文書に残しておくべきだろうと思います。

Q19 解説

1 労働契約と職員の怠慢

　労働契約とは、労働者が使用者に使用されて労働し、使用者がこれに対して賃金を支払うことを合意する契約のことを指しています（労働契約法6条）。つまり、使用者の指揮命令のもとで、労働者は労務を提供する義務を負っています。したがって、欠勤・遅刻・私的外出などは、労働すべき時間内に労務を提供していないことになりますから、労働契約上の義務違反になることは明らかです。

　通常は、就業規則において、そのような怠慢に対しては、服務規律を設け、無断欠勤や遅刻・私的外出を禁止し、勤務についてそれらの取扱い（たとえば、虚偽の理由で欠勤した場合には無断欠勤とする、所属長に届け出て外出しなければ私的外出とする、など）についても定めています。さらに、就業規則において、勤務態度が不良な場合には、通常、普通解雇事由とされていますし、懲戒解雇事由とされているときもあります。

2 職員の怠慢を理由とする解雇

　ただし、就業規則にそのように定めているからといって、職員に怠慢があればただちに解雇が認められるわけではありません。労働契約法では、「解雇は、客観的に合理的な理由を欠き、社会通念上相当であると認められない場合は、その権利を濫用したものとして、無効とする」（16条）と定めています。これは、判例の解雇権濫用の法理を条文化したものですが、労働者を解雇するには、客観的に合理的な理由と相当性が必要とされているのです。

解雇の客観的に合理的な理由には、
① 労働者の労務提供の不能や労働能力または適格性の欠如・喪失
② 労働者の規律違反の行為
③ 経営上の必要に基づく理由
④ ユニオン・ショップ協定に基づく組合の解雇要求

などが挙げられています。②の場合には、普通解雇だけでなく、懲戒解雇も問題になります。そして、相当性の点では、勤務態度不良の回数・程度・期間・態様、職務に及ぼした影響、使用者からの注意・指導と当該職員の改善の見込みや改悛の度合、当該職員の過去の勤務成績などを判断要素として、解雇が相当といえるかどうかを判断することになります。

3 解雇の可能性

　以上によれば、本問の対象となっている怠慢な職員の無断欠勤や遅刻の理由や原因、回数、程度、他の職員の業務に与えた影響、改善の見込みのなさなどを検討し、私的外出についてもその態様や回数、他の職員の業務に与えた影響、改善の見込みのなさなどを考慮することになります。使用者としては、職員の勤務態度が不良なときには、そのつど、注意・譴責や戒告などの処分を重ねて本人に改善するよう促しておくべきですし、そうしておかなければ改善の見込みがないことを主張することが難しくなります。

　福祉の現場では、介護を要する人に対して職員がサービスを行っているのであって、法令で定められている人員基準も十分とはいえません。それにもかかわらず、ある職員が無断で職務放棄をしてしまうと、他の職員の負担が著しく増えてしまうばかりでなく、サービスを行う利用者に対しても多大な迷惑をかけることになってしまいます。そして、本問で危惧されているように、利用者に対する介護事故に直結してしまう危険性も存在し

ているというべきでしょう。そういう意味では、人の命を預かっている職場であるという意識が不可欠だと思います。

　したがって、使用者側がこれまでに何度も職員本人に注意してきたにもかかわらず、その態度が改まらないのであれば、改善の見込みなしとして解雇することが許されると思います。そのためには、そういう事実を繰り返してきたことを証明できるよう、日常的に記録を作成・管理しておくことが重要ですし、注意処分なども文書に残しておくべきだろうと思います。

Q20

職員の犯罪と現場のトラブル

　私が勤務している施設の職員が、休日に駅で女子高生のスカートの中を盗撮したという理由で逮捕されました。施設長は、「社会福祉の現場職員にあるまじき態度だ」としてただちに懲戒解雇にすると言っています。その職員は、利用者たちからも慕われ、非常に優秀ないい職員だと評価されています。私も本当に盗撮行為を行ったのであれば、あるまじき態度だと思いますが、ただちに懲戒解雇できるものなのでしょうか。

A　労働者の私生活上の犯罪行為であっても、その労働者の業務と関連性があり、事業全体への信頼を害するおそれがあるときは、懲戒解雇事由になると考えていいのではないかと思います。もっとも、本問の職員は、盗撮の疑いによって逮捕されただけの段階であって、本当にその職員が盗撮行為を行ったのかどうか明確になっていません。そうすると、本当にその職員が盗撮行為を行ったのかどうかを確認することが先決です。そして、本当にその職員が盗撮行為を行ったのであれば、懲戒解雇の是非について意見が分かれるかもしれませんので、その職員に自己理由での退職を促してみることが必要かもしれません。

Q20 解説

1 労働契約と職員の犯罪行為

　労働契約とは、労働者が使用者に使用されて労働し、使用者がこれに対して賃金を支払うことを合意する契約のことを指しています（労働契約法6条）。つまり、使用者の指揮命令のもとで、労働者は労務を提供する義務を負っています。しかし、休日中に労働者がしたことは、労働契約上の労務提供義務に違反しているわけではありません。そのような私的な生活上の問題を解雇の理由にできるのでしょうか。

　就業規則においては、私生活上の問題であっても、「会社の名誉・信用を毀損したとき」や「不名誉な行為をして会社の体面を著しく汚したとき」などを懲戒解雇事由に定めているものもあります。労働者は、使用者に対して、労働契約上の付随義務として誠実義務を負っており、使用者の名誉・信用を毀損しない義務や企業の円滑な事業活動を遂行するために企業秩序を遵守する義務などが認められると解されていますから、これらの懲戒解雇事由が不当だとまではいえないでしょう。しかし、労働者が私生活上で犯罪行為を行ったからといって、ただちに使用者の名誉・信用を毀損したり、企業秩序を害したりしたといえるかどうかについては争いがあります。

2 社会福祉施設と私生活上の犯罪行為

　労働者が誠実義務を負っていると考える限り、私生活上の犯罪行為であっても、それが当該労働者の業務と関連性があり、事業全体への信頼を害するおそれがあるときは、事業秩序の維持と関係ある犯罪行為として懲戒解雇事由になると考えていいのではないかと思います。

社会福祉施設では、判断能力が不十分であったり、社会的に弱い立場に置かれたりしている人に対して、その生命・身体・財産等の安全を確保し、施設内で安心して暮らしていけるための環境を提供しなければなりません。それにもかかわらず、弱い立場にある人の身体的自由や性的自由を侵害したり、他者の財産を強奪・窃取・横領したりすることは、現に介護を受けて施設内で生活している利用者に不安を与えるものであって、犯罪行為の性質によっては、当該労働者の業務と関連し、事業秩序の維持に重大な関連性をもっていると考えることができます。

　そうだとすると、本問のように、たとえ休日の施設外での盗撮行為であっても、懲戒解雇事由に該当しうるのではないかと思います。

3 懲戒解雇の可能性

　もっとも、そうだからといって、本問のような場合にただちに懲戒解雇できるかというと、それは早計にすぎると言わざるをえません。本問の職員は、盗撮の疑いによって逮捕されただけの段階であって、本当にその職員が盗撮行為を行ったのかどうかはまだ明確になっていません。冤罪である可能性も否定できないのではないかと思います。そうすると、本当にその職員が盗撮行為を行ったのかどうかを確認することが先決です。

　そして、その職員が盗撮行為を行ったのか真実であったとしても、懲戒処分をするには、「当該懲戒が、当該懲戒に係る労働者の行為の性質及び態様その他の事情に照らして、客観的に合理的な理由を欠き、社会通念上相当であると認められない場合は、その権利を濫用したものとして、当該懲戒は、無効とする」（労働契約法15条）とされていますから、先例に従った平等取扱いや規律違反の種類・程度などに照らして相当なものでなければなりません。また、懲戒処分を行う際には、適正手続の保障も要求されていますから、本人に弁明の機会を与えることが最低限必要とされていま

す。

　本問のような場合に、その職員が盗撮行為を行ったとしても、懲戒解雇が認められるかどうかは、かなり微妙かもしれません。本当に1回だけ魔がさしただけであって、再犯のおそれはないのではないかともいえなくはないからです。しかし、盗撮行為を行った職員を利用者に接する現場に置くことは、利用者やその家族に不安をもたらすのではないかとも思います。解雇が認められなければ、その職員をどこかの職場に配置しなければならないことになりますが、小規模の施設だとそれも難しいだろうと思います。まずはその職員に自己理由での退職を促してみることが必要かもしれません。

第5章

介護事故と最近の裁判例

Q21

高齢者施設での転倒事故①

　Aさんは、ほとんど全盲の状態で認知症の症状があり、昼間の徘徊癖もあります。Aさんは、特別養護老人ホームに入所しており、朝食は食堂ではなく居室で採っています。いつもは職員の指示に従っておとなしく自分の朝食が配膳されるまで待っているのに、ある日、職員がいつものように声掛けしたところ、Aさんがいつものように座っていたため、職員が他の利用者の朝食の配膳をしてAさんの配膳をしようとしたところ、Aさんがいなくなっていました。職員が急いでAさんを探したところ、Aさんは、食堂で転倒しており、骨折していました。このような場合、施設側には、Aさんの骨折に対する責任があるのでしょうか。

A

　Aさんがいつもと同じような状態であって異常な行動が見られなかった場合には、施設側としては、Aさんの初めて取った行動を予想できる状況にはなく、特に手厚く見守る必要性がなかったのですから、施設側にはAさんの骨折事故について法的責任は生じないものと考えられます。

Q21 解説

1 福岡高等裁判所—平成19年1月25日判決

　お尋ねの事案は、平成19年1月25日に福岡高等裁判所で言い渡された判決が参考になるでしょう（福岡高判平成19年1月25日判タ1247号226頁）。

　この判決の事案では、平成9年5月から特養に入所していたBさん（当時82歳）が、ほとんど全盲の状態で認知症の症状もあり、昼間の徘徊癖もあったところ、平成14年12月13日午前7時50分ころ、特養内で転倒し、左大腿骨頸部内側骨折・左拇指基節骨骨折の傷害を負い、翌14日、病院に搬送されて入院後手術を受け、さらにその後脱臼したため、手術を受けて転院しましたが、平成15年1月8日に肺炎によって死亡した、という事案でした。

　この裁判では、Bさんの相続人が被告や担当職員に安全配慮義務違反があったとして、2,000万円の損害賠償を請求しました。第一審の福岡地裁小倉支部は、平成18年6月29日に言い渡した判決で、「Bさんには徘徊の性癖があったとしても、本件事故当時は朝食の準備のため繁忙な時間帯であったことや、Bさんが居室を出てから食堂に自力歩行して転倒するまでは短時間であったことに照らすと、担当職員を含め被告老人ホームの職員が本件事故を予見し、かつ回避する可能性があったものと認めるのは困難である」と判断して、原告の請求を棄却しました。これに対して、遺族である原告は福岡高裁に控訴しました。

　福岡高裁は、「確かに、Bさんは、高齢でほぼ全盲ながら自力歩行が可能であり、徘徊の性癖があったものである。しかしながら、Bさんは、介護者との意思疎通は可能であり、前日までの食事の際には、介護職員の指示に従わないで居室を離れたことはなく、本件事故当日の朝食の際にも、

担当職員の指示に従わないような様子は窺えなかったのであるから、Ｂさんが上記指示に従わずに居室を離れ、本件事故が発生する具体的なおそれがあったということはできないのであって、担当職員を含め老人ホームの職員が本件事故の発生を予見することが可能であったということはできない」と判断しました。

また、本件事故発生当時、

① 　６階の約40名の入所者に対し、介護職員３名、看護師１名（ただし、２階から６階を通じ全体で一人であった）の態勢であり、しかも朝食の準備のための繁忙な時間帯であり、食堂のほか居室で食事をとる入所者が少なくなかったこと
② 　Ｂさんが居室を出てから食堂に自力歩行して転倒するまでは短時間であったこと
③ 　介護・看護態勢が介護保険の指定の配置基準を満たしていないとはいいがたいこと
④ 　指定介護老人福祉施設の運営基準で身体的拘束その他入所者の行動を制限する行為を行ってはならないとされていること

という四つの補充的な理由をつけくわえ、老人ホームの職員に注意義務違反があったということはできないとして、遺族の控訴を棄却しました。

2 福岡高裁判決のポイント

　Ｂさんの事件では、特養内での転倒事故につき、第一審判決（福岡地裁小倉支部判決）も控訴審判決（福岡高裁判決）も、Ｂさんは前日の食事までは職員の指示に反して居室を離れたことはなかったため、事故を予想できなかったとして、施設側には過失がなく損害賠償責任はないと判断しました。つまり、Ｂさんが今までになかった行動を取ったのだから予想できなかった（予見可能性がなかった）と判断しています。

福岡高裁の判決は、朝食の非常に忙しい時間帯であったため、利用者への対応に人員的な限界があったことを指摘していますが、それはBさんがいつもと同じような状態であって異常な行動が見られなかったから、Bさんが初めて取った行動を予想できる状況にはなく、特に手厚く見守る必要性がなかったという意味だろうと思います。しかし、もう少し人手があれば、職員も無理しなくていいのですし、Bさんのような介護事故は予防できるのではないかとも思います。職員の労働環境や職員に対する安全配慮措置も改善していくべきです。

　福岡高裁の判決で興味深いのは、正当な理由のない身体拘束が認められていないことも指摘している点です。身体拘束が禁止されている以上、転倒事故の結果が生じてしまったからといって、結果論的に簡単に安全配慮義務違反を認めることは矛盾していると思います。本人の人格を尊重するために身体拘束が禁止されている趣旨からすると、身体拘束なしに転倒事故の予防措置を考えていかなければなりません。そのように考えれば、利用者に普段と何も変わったところがなく、いつもと違う行動を予測させるような予兆が見られない以上、今までになかったようなことまで予想して手厚い見守りを義務づけるのは妥当ではありません。したがって、今までになかったような事態が突然生じた場合には、そのような事態は予想できなかったとして法的責任を否定した福岡高裁の判決の判断は正しいと思います。

　本問においても、Aさんがいつもと同じような状態であって異常な行動が見られなかった場合には、施設側としては、Aさんの初めて取った行動を予想できる状況にはなく、特に手厚く見守る必要性がなかったのですから、施設側には法的責任は生じないものと考えていいでしょう。

Q22

高齢者施設での転倒事故②

　Aさんは、老人保健施設に入所していましたが、Aさんは入所に至るまで何度も転倒しており、非常に転倒の危険性が高い状態にありました。Aさんの入所後1年ほど経過した時点で、Aさんが施設内で転倒し、骨折してしまいました。Aさんの長女であるXさんは、Aさんの保佐人となり、この老人保健施設を経営している社団法人に対して訴訟を提起しました。このような場合、施設側には、Aさんの骨折に対する責任が認められるのでしょうか。

A　Aさんが転倒の危険性が非常に高い状態で入所している以上、施設側としては、単なる見守りという以上に転倒事故が生じないように努力すべきで、見守りの空白時間が生じないよう努力すべきです。たとえば、フットセンサーなどを活用し、フットセンサーが作動したときにはただちに職員が対応するような努力をしておくべきであって、そのような努力を欠いていたというのであれば、施設側は法的責任を免れないと思います。

Q22 解説

1 東京地方裁判所—平成24年3月28日判決

　お尋ねの事案は、平成24年3月28日に東京地方裁判所で言い渡された判決が参考になるでしょう（東京地判平成24年3月28日判時2153号40頁）。

　被告の運営する老人保健施設に入所したBさん（本件事故当時80歳）は、この老健に平成20年5月29日に入所しましたが、平成21年7月17日未明、転倒して左大腿骨転子部骨折と診断され、同月22日、骨折観血的手術を受けました。Bさんは、東京家庭裁判所により保佐開始の審判を受け、長女であるYさんが保佐人に選任され、同審判は平成22年5月7日に確定しています。

　この裁判では、Yさんは、Bさんの骨折事故について、被告に転倒回避義務違反や転倒事故後の適切な対応義務違反があると主張して、入所利用契約上の債務不履行または民法715条1項の使用者責任に基づき、1,389万3,666円を請求し、また、入所中に違法にBさんが身体を拘束されたと主張して、入所利用契約上の債務不履行または民法715条1項の使用者責任に基づき、300万円を請求しました。

　東京地裁は、被告の転倒回避義務違反を認めて、207万7,868円の損害賠償責任を認めました。この裁判では、多くの争点について攻防がなされていますが、骨折事故に関する責任に関しては、「被告は、Bさんが本件介護施設入所後多数回転倒しており、転倒の危険性が高いことをよく知っていたのであるから、入所利用契約上の安全配慮義務の一内容として、Bさんがベッドから立ち上がる際などに転倒することのないように見守り、Bさんが転倒する危険のある行動に出た場合には、その転倒を回避する措置を講ずる義務を負っていた」と判断し、「被告は、平成21年7月17日未

明、Bさんがベッドから立ち上がり転倒する危険のある何らかの行動（例えば、ベッドから出て歩行する等）に出たのに、Bさんの動静への見守りが不足したため（仮に職員による見守りの空白時間に起きたとすれば、空白時間帯に対応する措置の不足のため）これに気づかず、転倒回避のための適切な措置を講ずることを怠ったために、本件転倒事故が発生したというべきである。そうすると、被告は転倒回避義務に違反しており、債務不履行責任を負う」と判断しました。

しかし、本件転倒事故後の対応については、「本件転倒事故発生後の被告の対応により本件骨折の治療が遅れたとはいえない」し、「被告は本件転倒事故発生後直ちに原告を医療機関に転送すべき義務を負っていたということはできない」として責任を否定しました。また、身体拘束の点についても、「拘束行為は緊急やむを得ずに行ったものであり、その態様及び方法も必要最小限度であるから、入所利用契約上の義務に違反せず、不法行為法上違法であるということもできない」として責任を否定しています。

さらにこの裁判では、Bさんに骨粗鬆症の既往症があり、本件骨折は骨粗鬆症に罹患していたことが影響しているため、相当の素因減額をすべきであると被告が主張しましたが、東京地裁は、そのような素因の存在を理由に損害賠償額を減額するのは相当でないとも判断しています。

2 東京地裁判決のポイント

東京地裁の裁判では、事故当時のBさんの状況からすると、転倒事故も十分に予想できたのですから、転倒事故を予想できなかったとは言えません。したがって、被告としては、転倒事故を回避する努力を十分に尽したかどうかが争点になります。判決文を読むと、被告もそれなりには見守り体制を採っていたことがうかがわれますが、その見守り体制が十分機能しなかったために事故になってしまったのですから、転倒事故を回避する

努力が十分であったとはいえないでしょう。

　Bさんのように転倒の危険性が非常に高い利用者がいて事故を十分に予想できる場合、被告施設側が回避努力を尽くしたと主張するためには、判決が指摘しているように、見守りの空白時間帯をどのようにして埋めるかが課題です。Bさんの状況からすると、Bさんが離床した際に職員がすぐに対応できるよう、フットセンサーなどの機器を使用するとともに、フットセンサーが作動したときに対応する人員体制が十分といえたかどうかがカギになってくると思います。

　そのような意味で東京地裁の判決が被告施設側の責任を認めたのは肯定できると思います。もっとも、事故後の対応の判断についてはいいとしても、身体拘束の点については、もう少し緊急性の要件に関してきびしく検討してみてもよかったのではないかという気もします。そうしない限り、人員不足を身体拘束で補ってもいいという本末転倒な結論になってしまう危険があるでしょう。

　素因減責とは、被害者に何らかの素因があってそれによって被害者の損害が拡大したのであれば、その拡大分については加害者側の責任を減じるべきだとする考え方ですが、Bさんは自分の行動をコントロールできる能力を喪失しており、そのために入所しているのですから、本件判決がそれを否定した点については賛成できます。

　以上によれば、本問においても、Aさんが転倒の危険性が非常に高い状態で入所している以上、単なる見守りという以上に転倒事故が生じないように努力すべきです。見守りに空白時間が生じないよう努力すべきで、たとえば、フットセンサーなどを活用し、フットセンサーが作動したときにはただちに職員が対応するような努力をしておくべきであって、そのような努力を欠いていたというのであれば、施設側は法的責任を免れないと思います。

Q23

高齢者施設での転倒事故③

　Ａさんは、介護付老人ホームに体験入所していました。このホームを運営する株式会社の従業員は、夕食の準備ために入所者に声掛けをしていた際に、Ａさんが居室から出たとところで転倒し、骨折してしまいました。Ａさんは、この事故について被告株式会社に訴訟を提起しました。被告株式会社に責任はあるのでしょうか。

A　Ａさんの家族やＡさんの入院していた病院などから、Ａさんの歩行が不安定である旨の申し送りを一切受けておらず、体験入所後もＡさんの歩行が不安定であると感じさせるようなことがなかったのであれば、通常の声かけとそれに基づく歩行自立を前提とした介助で十分であるはずですから、被告株式会社側に安全配慮義務違反があったということはできないと思います。

Q23 解説

1 東京地方裁判所—平成24年7月11日判決

　お尋ねの事案は、平成24年7月11日に東京地方裁判所で言い渡された判決が参考になるでしょう（東京地裁平成23年（ワ）第13821号）。

　この判決の事案では、被告株式会社の運営する介護付老人ホームに、Bさんは、平成21年7月31日から体験入居していたところ、同年8月28日午後5時30分ころ、被告の従業員が夕食に行く準備をするようにBさんに声をかけた後、他の入居者に対して同じく夕食の準備のための声かけをするためにBさんの居室を離れた間に、Bさんが自力で居室から出たところで転倒し、右大腿骨骨折の傷害を負ったというものでした。いつもは、夕食の準備の声かけ（「そろそろ、お食事ですから準備してお待ちください」）をした後、他の車椅子の利用者を先にエレベーターに誘導して、その後にBさんに再度「行きますよ」と声かけをして、車椅子の利用者と一緒のエレベーターで食堂に移動するというものだったようです。

　この転倒事故に対してBさんは、被告が入居契約に基づく安全配慮義務を怠ったことによって、施設内で転倒し重傷を負い、歩行機能が大幅に低下した旨主張し、被告に対して、債務不履行に基づき、884万円余の損害賠償金等の支払を求めています。被告の責任原因としては、この事件でも安全配慮義務違反が主張されていますが、争点となるのは、まず、Bさんが転倒して大腿骨骨折の傷害を負うような事態を予想できたかどうかになります。もしそれが予想できるのであれば、夕食の準備の声かけをしてそのまま放置すれば、Bさんが一人で歩きだすこともありうるのですから、転倒事故が生じないように声かけの後の見守りをしっかりとしておくべきでしょう。次に争点となるのは、もし被告に安全配慮義務違反

があったとすると、Bさんの被った損害額がいくらになるかということです。この裁判では、以上の2点が争点となりました。

被告がBさんの転倒事故を予想できたかどうかについては、そのことを検討する前提事実として、東京地裁は次の4点を挙げています。

① 被告が本件施設に体験入居させるための申込みをする際、Bさんの長男は、アンケート用紙に、Bさんが要介護度2の認定を受けていること、日常生活動作には「一部介助」が必要であるところ、具体的には着脱衣に「一部半身介助」が必要であること、食事は「自立」していること、入浴は「一部半身介助」が必要であること、移動は「時間を要するが自立」していることを記入していること

② Bさんや長男らBさんの家族は、本件契約を締結する際に、被告に対し、Bさんの歩行が不安定であり、転倒の危険がある旨を伝えていないこと

③ Bさんは、本件施設に入居するまでの間、病院に入院しており、同病院の紹介によって本件施設に入居することになったのであるが、同病院からBさんの歩行が不安定であり転倒の危険がある旨の情報は伝えられていないこと

④ Bさんは、本件施設に入居してから本件転倒事故が起こるまでの間、本件施設内で転倒したことはないこと

以上の事実を前提として、東京地裁の判決では、「**本件全証拠によっても、被告において、Bさんの歩行が不安定であり、Bさんが転倒することを予見させるような事情が存在していたと認めることはできない**」と判断しました。したがって、二つ目の争点である損害額については判断する必要もなく、「**被告が、本件契約に基づき、Bさんの主張する安全配慮義務を負うと認めることはできない**」と結論を出しています。

2 東京地裁判決のポイント

　東京地裁の裁判では、事故当時のBさんの状況からすると、必ずしも転倒事故を予想できないというほどのことはなかったかもしれません。むしろ体験入所中なのですから、転倒事故くらいは予想しておいていいのではないかとも思えます。しかし、Bさんの歩行が不安定であって転倒してしまうというような危険性はそれほど大きくなかったようであり、しかも、体験入所後1か月間ほどBさんはまったく転倒したことはなかったというのですから、この事故が起きた段階で慎重な介護を求めるのもおかしいと思います。そんなことをすれば、かえって原告の日常的な行動を制限してしまうおそれも出てくるのであって、裁判所の認定した事実から安全配慮義務違反という判断はただちには出てこないと思います。
　人は誰しも歳を重ねれば、足腰が弱ってくるのですから、いつか転倒してしまう危険があることは否定できないはずです。しかしそうだからといって、できるだけ動かないようにという介護をしたり常時監視したりするのは、かえって本人の人格を軽視してしまうことになりかねません。事故の危険性が現実化・具体化するまでは、本人の人格を尊重する介護を行うのが正しいあり方だと思います。そのような意味で、この裁判の結論は支持できるものだろうと思います。
　東京地裁の事件では、Bさんの家族やBさんの入院した病院も、Bさんの歩行が不安定である旨の申し送りを一切していないのですから、老人ホーム側が先だって転倒予防措置を取ろうとすることはまた別の弊害（身体拘束など）を招くおそれがあります。この裁判に提出された証拠によると、Bさんが通っているデイサービスの送迎記録には歩行介助が必要であるかのような記載もあるようですが、これは被告株式会社やBさんにすら伝えられていないものですから、被告株式会社が知らなかったのも当

然でしょう。

　したがって、本問においても、Ａさんの家族やＡさんの入院していた病院などから、Ａさんの歩行が不安定である旨の申し送りを一切受けておらず、体験入所後もＡさんの歩行が不安定であると感じさせるようなことがなかったのであれば、通常の声かけとそれに基づく歩行自立を前提とした介助で十分であるはずですから、被告株式会社側に安全配慮義務違反があったということはできないと思われます。

Q24

高齢者施設での転落事故

　Aさんは全盲ですが、最近、認知症の症状が出てきました。Aさんの内縁の夫は、施設入所も考えてみなければならないのではないかと思い、Aさんと話し合って、Aさんは老人保健施設に入所しました。Aさんは、共同生活になかなか慣れることができず、入所後約3週間後に同室の女性と口論になってしまい、興奮状態となってしまいました。Aさんが家に帰りたいと言うので、施設の職員はとりあえずAさんに落ち着いてもらおうと思い、そのフロアーの空部屋にAさんを閉じ込めてしまいました。Aさんは、その部屋の窓を開け、その部屋にあった家具を利用して窓から乗り出したところ、目隠しフェンスを乗り越えて建物の真下に転落して死亡してしまいました。このような場合、施設側にはAさんの死亡について責任はないのでしょうか。

A

　Aさんは、なかなか施設に慣れないなかで、同室者との口論による興奮という非常に不安定な状況になっており、早く家に帰りたいという気持ちになっているのですから、いいかげんな形でAさんを放置してしまうと、Aさんが自力で家に帰ろうとしてしまうことが当然に予想されます。それにもかかわらず、施設側としては、自力で行動してしまうことを助長するような対応を重ねてしまっており、事故を避ける努力をしたとはまったく評価できません。したがって、施設側がこのような事故の責任を負うのは当然だろうと思います。

Q24 解説

1 東京地方裁判所—平成12年6月7日判決

　お尋ねの事案は、平成12年6月7日に東京地方裁判所で言い渡された判決が参考になるでしょう（東京地判平成12年6月7日「賃金と社会保障」1280号14頁）。

　全盲で認知症の症状があるBさんが、老健施設入所後約3週間たったある日、同室者と口論になって興奮状態になったため、介護福祉士がBさんを別室に連れていったところ、その部屋の窓からBさんが転落して死亡してしまった、という痛ましい事件です。Bさんはその部屋の窓の鍵を開け、その部屋にあった家具を利用して窓から乗り出し、目隠しフェンスを乗り越えて真下に転落したものです。この事件では、担当していた介護福祉士に対して、当直看護婦が「刺激を与えないように」という指示をしたため、担当介護福祉士は困惑しながらもBさんに声かけなどをまったく行うことができず、Bさんはただひたすら放置されたに等しい状況でした。

　東京地裁の判決では、まず、「看護婦、介護福祉士等その資格に相応した専門的見地からその裁量的判断を適切に行い、選択した方途を実行することが求められる」と示しています。東京地裁は、

① 　介護福祉士がBさんに「終始付き添う措置を執らなかったからといって、格別の緊要性が存する場合を別としては、それが直ちに不当又は違法となるとはいい難い」としつつ、

② 　「落ち着きを取り戻しているか確認すべく（Bさんに）何らかの働きかけをしたり、寝具等がなく一睡もしていないと認められる（Bさんの）不安定な状態を解消させる措置を試みるべきであったとこ

ろ」、介護福祉士や当直看護婦は「**室外から（Bさんに）気づかれないように様子をみるにとどめる措置を継続させ、就寝可能な環境を提供せず、（Bさんに）声を掛ける等もしなかったのであり、それがなおその裁量的判断の範囲にあるとはいい難く、適切な介護すべき義務を怠ったもの**」
と結論づけています。

2 東京地裁判決のポイント

　東京地裁の判決が、施設側に事故の責任を認めたのは当然ですが、介護福祉士や看護婦に対して、「専門的見地」からの「裁量的判断」を認めたことも大きな意味をもっているのではないかと思います。福祉施設従事者に対して、職務に応じた専門性を認めたということになり、専門性に即した「適切な判断」がなされなければならず、そのような専門性に反する判断をした場合には、過失が認められるということになるからです。したがって、東京地裁の判決は、福祉職（介護福祉士）の専門性や裁量性を認めた反面、福祉職に対して専門職としての注意義務を課すことにもなっているのです。つまり、専門職なのだから、専門職としての責任を果たしなさいということになります。

　介護事故の裁判例では、しばしば、「福祉の現場は医療の現場と異なって専門性も低く、労働条件も低いのだから、あまり重い注意義務を課すのは妥当でない」という判断に出会います。しかし、労働条件が低いから注意義務は軽くていいということにはならないはずだろうと思います。確かに福祉の現場は大変な状況だろうと思いますが、それでも人の尊厳を守る最後の砦なのですから、専門性をきちんと認めて、労働条件も改善していくべきものでしょう。そのような意味では、この東京地裁の判決は、正面からそのことを問題にしているものであって、基本的に正しいと思います。

なお、東京地裁の判決には書いてありませんが、本判決の背景事情として、法人の初期対応の不適切さもあったようです。この訴えは、Bさんの内縁の夫が提起したものですが、その内容は、非常に冷静で穏当な内容となっており、遺族（ましてや内縁の夫は法的な相続人には該当しません）が単なるお金目当てで訴訟を起こしたとはとても思えない内容になっています。それにもかかわらず、この法人では、法人の事務長が率先して、Bさんと暮らしていた内縁の夫を「お金目当てで騒いでいるのではないか」と一方的に疑い、謝罪も行おうとせず、責任回避と保身の言葉ばかり並べ、かえって内縁の夫を「悪質な人間なのではないか」として扱ったことが内縁の夫を憤慨させています。現にその内縁の夫は、雑誌の取材に応えて、「申しわけありません、という一言さえあれば、私は裁判に訴えることはしなかったと思います」と語っています。本当の遺族は、「説明」を求めているのであって、「お金」を求めているのではないことを忘れるべきではありません。事務長のこのような態度は、最悪のリスクマネジメントの典型例だといえるでしょう。

　本問においては、Aさんが非常に不安定な状況になっており、早く家に帰りたいという気持ちになっているのですから、いいかげんな形で放置してしまうと、自力で家に帰ろうとしてしまうことが予想されます。それにもかかわらず、施設側としては、自力で行動してしまうことを助長するような対応を重ねてしまっており、事故を避ける努力をしたとはまったく評価できません。したがって、施設側がこのような事故の責任を負うのは当然だろうと思います。

Q25

高齢者デイサービスでの転倒事故

　Aさんは、平成12年2月21日から週に1回デイサービスを利用していましたが、平成14年7月1日、Aさんは送迎車が来るのを待っている時間にトイレに行こうとしたところ、職員が転倒予防のために「ご一緒しましょう」と声かけしました。Aさんは、「一人で大丈夫」と拒絶しましたが、職員は「トイレまでとりあえずご一緒しましょう」と付き添って歩きました。ところが、Aさんはトイレに入ったとたん、「自分一人で大丈夫だから」と言って、内側からトイレの戸を自分で完全に閉めてしまいました。職員は迷いましたが、Aさんが出てきたら歩行介助を行おうとしていたところ、Aさんはトイレ内で転倒して骨折してしまいました。このような場合、デイサービスの運営者は安全配慮義務違反の責任を負うのでしょうか。

A　Aさんに判断能力と言語能力があることを前提として（つまり、一人で大丈夫だという判断が適切にできることと、それを適切に他人に伝達することができるという二つの能力が備わっているということ）、注意して移動すれば一人でトイレの中まで行って用を足すことができるという身体能力が認められる限り、Aさんが真意をもって同行を拒絶する場合、それ以上の同行を行うのはかえって本人の自己決定権とプライバシーを侵害することになりかねません。したがって、Aさんが能力を備えていることを前提として真意をもってトイレ内に入ることを拒絶したのであれば、デイサービスの運営者が安全配慮義務違反の責任を負うべきではないと思います。

Q25 解説

1 横浜地方裁判所―平成17年3月22日判決

　お尋ねの事案は、平成17年3月22日に横浜地方裁判所で言い渡された判決が参考になるでしょう（横浜地判平成17年3月22日判タ1217号263頁）。

　この判決の事案は、デイサービスの送迎車を待っている間、利用者のBさんがトイレに行こうとしたため、職員が歩行介助してトイレまで行ったものの、本人がトイレの中への同行を拒否したため、やむなくBさんを一人で歩かせたところ、Bさんが転倒して骨折したというものです。Bさんは、デイサービスを行っている地域ケアプラザを運営する社会福祉法人に対して、安全配慮義務違反を理由として、介護料や慰謝料等の損害賠償金合計3,977万7,954円を請求しました。

　横浜地裁の判決では、トイレ同行中に本人が入り口で同行を拒否したとはいえ、一人で歩かせたことに安全配慮義務違反があったとして、施設側の責任を認めています。まず、デイサービスを運営するにあたっては、「通所介護契約上、介護サービスの提供を受ける者の心身の状態を的確に把握し、施設利用に伴う転倒等の事故を防止する安全配慮義務を負うというべきである」としています。

　その上で、「本件トイレは入口から便器まで1.8メートルの距離があり、横幅も1.6メートルと広く、しかも、入口から便器までの壁には手すりがないのであるから、Bさんが本件トイレの入口から便器まで杖を使って歩行する場合、転倒する危険があることは十分予想し得るところであり、また、転倒した場合には原告の年齢や健康状態から大きな結果が生じることも予想し得る。そうであれば、職員としては、原告が拒絶したからといってただちに原告を一人で歩かせるのではなく、原告を説得して、原告が便

器まで歩くのを介護する義務があったというべきであり、これをすることなく原告を一人で歩かせたことについては、安全配慮義務違反があったといわざるを得ない」と判断しました。そして、この判決では、被告に合計金1,253万7,190円の損害賠償責任があることを認めました。

2 横浜地裁判決の問題点

　Bさんの歩行が不安定であることはわかっていますから、本人を一人で歩かせた場合、転倒する危険があることは予想できます。したがって、そのような事故を避ける努力を尽さなければなりません。その努力が不十分であれば、過失（帰責事由）があったとして、安全配慮義務違反という指摘を受けることになります。

　もっとも、Bさんがいつもトイレに歩行介助なしでは行けなかったかというと、横浜地裁判決も「Bさんは本件施設内のトイレについては、尿意、便意があると一人で行こうとしたが、本件施設の職員がトイレ入口までの見守り、歩行介助を行った。Bさんはトイレ内の排せつ動作は自立していた。本件施設の職員は、Bさんにつき、トイレ内の介護はしていなかった」と認定しています。

　それでは、本人が頑として同行に応じない場合、どのようにして事故を避けるべきなのでしょうか。この判決で問題となっているのは、トイレへの同行であって、トイレの中は本人のプライバシーが守られなければならない空間です。そうすると、本人の自己決定権やプライバシーの尊重という観点から考えると、どのような措置が必要だったといえるのでしょうか。

　横浜地裁の判決では、「Bさんが拒絶したからといって直ちにBさんを一人で歩かせるのではなく、Bさんを説得して、Bさんが便器まで歩くのを介護する義務がある」というのですから、本人をとことん説得して同行しなければならず、そのような説得をしないで一人で歩かせるのはダメ

だということになりかねません。しかし、そんなことができるのか、できるとしても果たして妥当なことなのかは問題です。本人はトイレに行きたいと言っているのですから、説得を続けていたら本人も我慢できなくなってしまうかもしれません。あくまでも説得しなさいというのは、非現実的な要求のように思われます。

　本人に判断能力と言語能力があることを前提として（つまり、一人で大丈夫だという判断が適切にできることと、それを適切に他人に伝達することができるという二つの能力が備わっているということです）、注意して移動すれば一人でトイレの中まで行って用を足すことができるという身体能力が認められる限り、本人が真意をもって同行を拒絶する以上、それ以上の同行を行うのはかえって本人の自己決定権とプライバシーを侵害することにならないでしょうか。

　判断能力・言語能力・身体能力のいずれかが欠けているのであれば、そのまま一人で歩かせるのは無責任であって、確かに安全配慮義務違反になると思います。しかし、それらの能力を備えた人が真意をもって同行を拒絶する以上、その自己決定権とプライバシーは尊重されるべきですから、転倒しないように口頭で適切な注意を与えれば、介護者の注意義務はそこで尽きるものと考えるべきだと思います。そうしないと、客観的な安全性に配慮するあまり、本人の人格等を無視してしまってかまわないという論理に落ち込んでしまわないでしょうか。それでは本末転倒なことになってしまうと思います。

　本問についても、Aさんに判断能力と言語能力があることを前提として（つまり、一人で大丈夫だという判断が適切にできることと、それを適切に他人に伝達することができるという二つの能力が備わっているということ）、注意して移動すれば一人でトイレの中まで行って用を足すことができるという身体能力が認められる限り、Aさんが真意をもって同行を拒絶する場合、それ以上の同行を行うのはかえって本人の自己決定権とプライバ

シーを侵害することになりかねません。したがって、Aさんが能力を備えていることを前提として真意をもってトイレ内に入ることを拒絶したのであれば、デイサービスの運営者が安全配慮義務違反の責任を負うべきではないと思います。

Q26 高齢者ショートステイでの転倒事故①

　私の母Ａは、ショートステイをたびたび利用していますが、よく一緒になる女性のＢさんは認知症による妄想のためなのか、私の母に非常に攻撃的になることがあり、Ｂさんは家でも不機嫌になると非常に暴力的になるとのことでした。このショートステイを利用したある日、私の母が車椅子に乗っていたところ、同じくショートステイを利用していたＢさんが突然母の車椅子が自分のものだとして母の背中を押し、母を車椅子から転落させて車椅子を奪ったということです。この事故によって母は怪我をして後遺症が残りました。その後母は亡くなりましたが、このような事故では施設側には責任はないのでしょうか。

A

　Ｂさんが不穏になってＡさんに暴力的になることは予想できたのですし、Ｂさんは居室に連れ戻されてもデイルームに舞い戻っているのですから、職員が取るべき行動としては、まず、Ａさんの生命・身体の安全を確保することであり、単にＢさんに対応していたというだけでは不十分です。そして、その上でＢさんが不穏な状態でなくなるようにＢさんを介助すべきであって、事故を避ける努力が不十分であったことは否定できません。したがって、施設側は使用者責任あるいは安全配慮義務違反としての責任を負います。

Q26 解説

1 大阪高等裁判所——平成18年8月29日判決

　お尋ねの事案は、平成18年8月29日に大阪高等裁判所で言い渡された判決が参考になるでしょう（大阪高裁平成17年（ネ）第2259号）。

　この判決の事案では、特養においてショートステイを利用していたCさんが他の利用者Dさんに車椅子を押されて転落し、後遺症を負ったことにつき、Cさんの死亡後にCさんの相続人たちがショートステイ利用契約上の債務不履行に基づく損害賠償を請求しました。すなわち、ショートステイにおける利用者間トラブルに対する安全配慮義務違反が問題となった事件です。

　この判決では、特養を経営している社会福祉法人に安全配慮義務違反があったことを認め、1,050万円余の損害賠償請求を認めました。なお、この事件では、相続人たちは、その後に治療を受けた病院でも医療過誤があったとして医療法人も訴えています（介護事故と医療過誤の連続型共同不法行為という理論構成）。

　このような事件では、まず、BさんやDさんがAさんやCさんに対して車椅子を押して転落させるような暴力を振るうことが予想できたかどうか、結果の予見可能性があったかどうかが問題となります。Dさんは、91歳の女性で、事件の2年前からたびたびこのショートステイを利用しており、事件当時は認知症により要介護5の認定を受けていました。Cさんは、92歳の女性で、事件の半年ほど前からこのショートステイを利用しており、認知症により要介護3の認定を受けていました。Dさんには、物盗られ妄想によるトラブルが自宅でもあり、喜怒哀楽が激しく、不機嫌になると暴言や暴力行為に及ぶこともあったとされています。

Cさんの事故が起きたのは、平成14年11月17日午後8時15分ころのことですが、DさんがデイルームにいたCさんの車椅子を自分のものと勘違いしてハンドルをつかんだため、職員はDさんを説得して居室に戻らせました。しかし、Dさんは再びデイルームに戻ってきて、Cさんの車椅子を揺さぶったり、Cさんの背中を押したりしていたため、職員は再度Dさんを居室に戻らせて、他の利用者のおむつ交換を行っていたところ、Dさんはまたもやデイルームに戻ってCさんを車椅子から転落させたのです。

　そのような事実を前提にすれば、Dさんは、「二度、三度と重ねて執拗にCさんの乗っている車椅子は自分の物であると主張し、しかも、その行為も、単に車椅子を掴むというものではなく、これを揺さぶり、さらに、Cさんの背中を押したりと直接有形力を行使していたものである。そして、このようなDさんの行動に照らせば、Dさんは、職員の説得には納得せず、その後も継続してCさんに同様の行為を行うことは予測可能であったというべき」であり、しかも「むしろ、このような経過に照らせば、Dさんの行動は、さらにエスカレートしていくことも十分に予測可能であったといえる」と認定しています。これはまさにそのとおりだと言えるでしょう。したがって、本件事故の予見可能性は十分にあったと認められます。

2 大阪高裁判決のポイント

　そうすると、施設側が事故を回避する努力を十分に尽していたと評価できるかどうかが問題になります。

　大阪高裁の判決では、「**職員は、単に、Dさんを自室に戻るよう説得するということのみではなく、さらに、Cさんを他の部屋や階下に移動させる等して、Dさんから引き離し、接触できないような措置を講じてC**

さんの安全を確保し、本件事故を未然に防止すべきであったものというべきところ、このような措置を講ずることなく、本件事故を発生させたものであり、被控訴人には、安全配慮義務の違反があるといわざるを得ない」と判断しました。

　この判断はきわめて適切なものだと思います。確かに、職員にとっては、夜の8時ころのおむつ交換で大変な時間帯だったと思いますが、Dさんの粗暴な行動はたびたび起きており、いったん居室に戻したとしても、Dさんが不穏になって暴力的になることは、職員もよく知っていたのですし、Dさんが説得だけで簡単に行動が止まるような状態にないことは理解していたはずです。職員は忙しかったとはいえ、Dさんが居室に連れ戻されても、二度もデイルームに舞い戻っているのですから、Aさんに対する対応が不十分だったとしか言いようがないと思います。

　したがって、本問においても、職員が取るべき行動としては、まず、Aさんの生命・身体の安全を確保することであり、単にBさんに対応していたというだけでは不十分です。そして、その上でBさんが不穏な状態でなくなるようにBさんを介助すべきでしょう。このような利用者間トラブルは、「お互いに90代の女性だし」と軽く考えていると、取り返しのつかない事故になってしまうことがあります。常に利用者の安全を確保することを第一に考えて行動すべきだろうと思います。

Q27

高齢者ショートステイでの転倒事故②

　ショートステイを利用しているＡさんは、夜間の徘徊癖があり、夜間にたびたび起きだしては施設内を徘徊するのですが、Ａさんを身体拘束するわけにはいかないので、フットセンサーで対応するようにし、Ａさんが転倒事故を起さないように注意していました。しかしある日、フットセンサーが反応したので急いでＡさんの居室に向かいましたが、すでにＡさんは床に倒れていました。この転倒事故によってＡさんは骨折等してしまいましたが、このような場合でも施設側は責任を問われるのでしょうか。

A　身体拘束を一切行わないとすれば、フットセンターを設置してセンサーが反応するたびに迅速に対応することが最大限に可能な介助方法というべきですから、そのような体制を構築し、実際にもセンサーが反応するたびに適切に対処していたのであれば、事故を回避する義務を尽していると評価していいと思います。したがって、そのように対処していたのであれば、施設側が責任を問われることはありません。

Q27 解説

1 東京地方裁判所—平成24年5月30日判決

　お尋ねの事案は、平成24年5月30日に東京地方裁判所で言い渡された判決が参考になるでしょう（東京地裁平成23年（ワ）第31251号）。

　この判決の事案では、被告株式会社の運営するショートステイを利用したBさん（本件事故当時84歳）が、平成21年11月22日午前6時20分ころ、ベッドから離床後転倒したと思われる状況で、転倒して左大腿骨転子部骨折と診断され、頭部打撲による脳挫傷（両側前頭葉に挫傷）と診断されたため、Bさんの成年後見人（Bさんの長女）が訴えを提起したものです。

　この事故の具体的な状況としては、次のような事実が認定されています。Bさんが平成21年11月21日午後8時50分ころ入眠したものの、午後10時ころから翌22日午前2時30分ころにかけて5回にわたり、離床して徘徊するなどしてセンサーを反応させたため、職員はセンサーが反応するたびに、Bさんの居室に行き、Bさんを誘導してベッドやソファに臥床させました。午前4時にもBさんは下着を脱いで失禁するなどしましたが、午前6時ころにはふたたび睡眠していました。しかし、午前6時20分ころ、Bさんの個室のセンサーが反応し、その約15秒後、「ドスン」という物音があり、職員はBさんがベッド脇に右側臥位で倒れているのを発見したようです。

　被告の責任原因としては、安全配慮義務違反が主張されており、債務不履行または不法行為に基づく損害賠償として1,982万8,732円が主張されています。損害の内訳は、入院治療費や慰謝料などです。なお、この事件では、Bさんが存命中であることから成年後見人が訴えを提起していますが、介護事故の被害者が死亡した場合には、成年後見は当然に終了します

から、被害者の相続人が訴えを提起することになります。たまたまこの事件では、成年後見人がBさんの長女ですから、もし訴訟係属中にBさんが亡くなった場合、Bさんが相続人として訴訟を受継することになります。

東京地裁は、被告施設側に安全配慮義務違反があったと認めるに足りる証拠はないとして、成年後見人の請求を棄却しました。この事故では、Bさんが転落あるいは転倒する可能性は十分に予想できる状態にありましたから、この裁判の争点は、もっぱら、被告施設側がそのような事故を避ける努力を尽くしていたかどうかにあります。

東京地裁は、「**本件施設の職員体制及び設備を前提として、他の利用者への対応も必要な中で、原告の転倒の可能性を踏まえて負傷を防ぐために配慮し、これを防ぐための措置を取ったといえる**」と結論づけました。その理由としては、次の六つの点を挙げています。

① 個室に離床センサーを取り付けて原告がベッドから動いた場合に対応することができる体制をつくっていたこと
② 被告の職員が夜間そのセンサーが反応するつど、部屋を訪問し、原告を臥床させるなどの対応をしていること
③ 被告の職員は、夜間、少なくとも2時間おきに定期的に巡回して原告の動静を把握していること
④ 被告は、原告の転倒を回避するために、原告の介護支援専門員に対し、本件事故前に退所させることや睡眠剤の処方を相談していること
⑤ 原告の居室のベッドには、転落を防止するための柵が設置されていたこと
⑥ 被告の職員2名は、本件事故直前のセンサー反応後、事務所にて対応していた別の利用者を座らせた上で原告の居室に向かっていること

2 東京地裁判決のポイント

　東京地裁の事件でも、事故当時のBさんの状況からすると、転倒事故が十分に予想できたのですから、転倒事故を回避する努力が十分であったかどうかが争点になっています。被告施設側の対応は、東京地裁判決が理由をいくつも掲げているように十分なものであったと評価できるでしょう。

　しかし、この判決が掲げる理由には、おかしな点があります。前記理由の④は、転倒事故回避のための措置として「退所」や「睡眠剤の処方」を挙げていますが、事故のおそれがあるからといって退所させる（正当な理由のないサービス提供の拒否に該当します）ことを検討するのは本末転倒ですし、睡眠剤などの薬剤を処方して無理やり眠らせるのは、薬剤による身体拘束に該当しますから、両方とも許されないことです。また、前記⑤の理由も場合によっては身体拘束に該当しかねないものです。東京地裁の事案では、40センチ程度の高さのベッドで、転がり落ちるのを防止する程度の柵だったようですから、必ずしも身体拘束には当りませんが、わざわざ⑥のような理由を挙げる必要はないと思います。筆者は、①②③⑥の理由だけで被告施設側は介護事故回避のための努力を最大限に尽していたと評価していいと思います。

　したがって、本問でも、身体拘束を一切行わないとすれば、フットセンサーを設置してセンサーが反応するたびに迅速に対応することが最大限に可能な介助方法というべきですから、そのような体制を構築し、実際にもセンサーが反応するたびに適切に対処していたのであれば、事故を回避する義務を尽していると評価していいと思います。

Q28

高齢者ホームヘルプ中の転倒事故

　Aさんは人工透析を受けるために通院する際、歩行も非常に不安定であったため、ホームヘルパーに通院のガイドヘルプを頼みました。しかし、ある通院日は、土砂降りの大雨で傘をさしている状況であり、しかもヘルパーは人工透析用の器具をもったままAさんをタクシーに乗せようとしたところ、Aさんの体が回転して転倒しました。Aさんは、この事故によって骨折してしまいましたが、訪問介護を運営している会社はこの事故の責任を負うのでしょうか。

A 　Aさんのような身体状況（かなり転倒しやすい、左手をつかんではいけない云々）にある人の通院のガイドヘルプを行うには、ヘルパーは、単にAさんが身体を移動することを見守るだけではなく、自分がもっている荷物をいったんタクシー内に置くなどして自分自身の身体の自由を確保し、万が一Aさんが転倒しそうな場合にはただちにこれを支えられるような体勢をとるべきであったと考えるしかないでしょう。あるいは、ガイドヘルプを契約する際に、たった一人では対応が困難であることを説明し、二人体制の介助にするか、あるいは、家族にも手伝ってもらうようにしておくべきなのだろうと思います。しかし、そのような配慮を欠いて事故を生じさせたのであれば、訪問介護を運営している会社は、事故を避ける努力が不十分であったとして責任を負うことになります。

Q28 解説

1 東京地方裁判所—平成17年6月7日判決

　お尋ねの事案は、平成17年6月7日に東京地方裁判所で言い渡された判決が参考になるでしょう（東京地裁平成14年（ワ）第28713号）。

　この裁判では、訪問介護契約中にヘルパーが注意を怠ったため、Bさんが転倒して右大腿骨頚部骨折の傷害を負ったとして、居宅サービスを提供している株式会社である被告に対し、不法行為ないし債務不履行に基づき、損害賠償3,330万円余を請求しました。また、Bさんの娘さんも、Bさんが歩行不能になったために会社を退職し、Bさんの介護に専念することになって得られたはずの給与を失ったとして、不法行為等に基づき、損害賠償3,400万円余を請求していました。

　この判決は、結論としては、Bさんに対しては、被告側に安全配慮義務違反があったことを認め、約1,150万円の損害賠償を認めましたが、Bさんの娘さんの請求は棄却しています。

　この事件では、Bさんの娘さんらの要望を受け、Bさんとの間で、室外での歩行介助においては、腕をくむなど必ずBさんの身体に触れて介助をすることを取り決めていました。したがって、被告会社もヘルパーも、Bさんの転倒の危険性については十分認識していたことが認められると判断しています。

　この事故は、Bさんが人工透析を受けるための通院のガイドヘルプ中に、医院の玄関でBさんが転倒したというものだったのですが、事故当時は土砂降りの雨であって、ヘルパーは傘をさしながら、人工透析用の荷物をもって、転倒しやすいBさんをタクシーに乗せなければならないという、かなり過酷な状態にあったことが認定されています。

しかし判決は、「外は土砂降りの雨であり、本件事故現場は屋内であるとはいえ建物の出入り口であって雨によりタイル張りの床面が滑りやすくなっていたと推測されるのであるから」、ヘルパーが「左手で雨傘を持ったまま、Ｂさんにつかまってもらうべく単に右手を差し伸べただけで、Ｂさんの身体に自己の身体を密着させて歩行を介助するという義務を怠」ったとして、ヘルパーに安全配慮義務違反があったことを認めています。

2 東京地裁判決のポイント

　東京地裁の判決では、Ｂさんが転倒する危険性は十分に予見できる状況にあったのですから、ヘルパーが転倒事故を回避する努力を十分に尽したかどうかが争点になります。確かに土砂降りの雨の中、傘をさして透析用の荷物を持ちながら歩行が不安定な人を介助するというのは、さぞかし大変だろうと思います。しかし、ヘルパーが荷物をもちながら単に右手を差し伸べただけというのでは、対応が不十分であったとしか言いようがないでしょう。

　しかし、東京地裁の判決では、Ｂさんが「左手を出してヘルパーの肘につかまろうとしたとき、Ｂさんの左手が時計と反対方向に周り、Ｂさんは、玄関扉の把手につかまっていた右手を中心に、円を描くように回転して転倒した」のですが、「ヘルパーは、とっさにＢさんの左手をつかもうとした」ところ、「人工透析のため左手は絶対つかまないように指図されていたため、Ｂさんの左手をつかむことはできなかった」というのです。そうだとすれば、右利きのヘルパーが、雨の日に一人でＢさんのような身体状況の人の通院ガイドを担当することは、不可能なのではないかという気がします。

　なかなか難しい問題ですが、Ｂさんのような身体状況（かなり転倒しや

すい、左手をつかんではいけない云々）にある人の通院ガイドを行うには、この判決が指摘しているように、「ヘルパーとしては、単にBさんが身体を移動することを見守るだけではなく、自分が所持している荷物をいったんタクシー内に置くなどして極力自分自身の身体の自由を確保し、万が一原告Aが転倒しそうな場合には直ちにこれを支えられるような体勢をとるべきであった」と考えるしかないでしょう。あるいは、ガイドヘルプを契約する際に、たった一人では対応が困難であることを説明し、二人体制の介助にするか、あるいは、家族にも手伝ってもらうようにしておくべきなのだろうと思います。Bさんの身体状況が不十分なのですから、Bさんの家族も最大限に努力すべきでしょう。

　Bさんに認定された損害額約1,150万円は、Bさんの歩行不能に基づく介護費用の増額分や慰謝料などです。娘さんの損害賠償請求については、娘さんが辞めた会社が娘さんの夫の経営する会社であって、その経営状況がよくなかったこと、本件事故後はBさんに手厚い介護体制がしかれていることを考慮して、本件事故と娘さんの主張する損害との間に相当因果関係を認めることはできないとしました。なお、被告側はBさんとの過失相殺も主張していますが、Bさんの歩行が不安定だからこそガイドヘルプを頼んでいるのに、Bさんの不注意を主張するのは本末転倒でしょう。東京地裁の判決も過失相殺は認められないと判断しています。

Q29 高齢者グループホームでの転倒事故

　Aさんは、認知症対応型のグループホームで生活しています。Aさんが居室のカーテンを開閉しようとして何回も転倒したため、グループホームを運営している会社は、Aさんの居室内のタンスの位置を移動させるなどしました。しかし、やはりAさん転倒してしまい、骨折してしまいました。運営会社は、「身体拘束が許されていない以上、これ以上の対応は不可能だ」と言って、Aさんの入院治療費を支払おうとしないのですが、運営会社に責任はないのでしょうか。

A　いくら身体拘束が禁止されているといっても、Aさんが何回も同じような事故に遭っているのですから、グループホームを運営する会社は、単に居室内のタンスの配置換えなどを行うだけでは不十分であり、Aさんの習慣的な行動に即した見守り体制を構築したり、転倒防止のための補助器具をAさんに使用させたりするなどの対策を採らなければなりません。そうしない限り、漫然と見守っているというだけでは責任を免れることはできません。

Q29 解説

1 神戸地方裁判所伊丹支部—平成21年12月17日判決

　お尋ねの事案は、平成21年12月17日に神戸地方裁判所伊丹支部で言い渡された判決が参考になるでしょう（神戸地伊丹支部判平成21年12月17日判タ1326号239頁）。

　この判決の事案では、脳血管型認知症のBさんが被告株式会社の運営する認知症対応型グループホームに平成16年1月25日から入所していました。Bさんには、平成17年には成年後見人が選任されていたようです。

　Bさんは、平成18年4月15日には居室内でベッドから転落し、第一腰椎体圧迫骨折の障害を負いました。しかし、この際には、Bさんの成年後見人は「Bさんは骨が弱いので、気をつけて欲しい」旨を要望しただけのようですが、被告株式会社は何も具体的な対策をとった形跡がないと認定されています。

　Bさんは、同年7月20日午前6時30分ころ、Bさんは居室内でカーテンを開けようとして転倒し、右大腿骨転子部骨折の障害を負いました（本件第一事故）。そして同年11月7日午後7時30分ころには、今度は居室内のカーテンを閉めようとしてふたたび居室内で転倒し、右側坐骨骨折の障害を負いました（本件第二事故）。

　この裁判では、Bさんの成年後見人は、被告株式会社に対して、第一事故関係の治療費・入院費等および慰謝料として255万円余、第二事故関係の治療費・入院費等および慰謝料として289万円余の以上合計544万円余を請求しました。これに対して被告株式会社は、第一事故に関し、身体拘束が禁止されている以上、予見可能性も回避可能性もなかったと主張し、第二事故に関しても、身体拘束が禁止されている以上、不可抗力に基づく

ものであると反論しました。さらに被告株式会社は、Bさんに重過失があるため免責されるべきであるが、免責されないとしても過失相殺が認められるべきと反論しました。

2 神戸地裁伊丹支部判決のポイント

神戸地裁伊丹支部の判決は、「Bさんは、認知症に罹患しており、成年後見人も選任されていたところ、第一事故前の平性18年4月15日に、本件施設内でベッドから落下する事故に遭っており、診療所で、第一腰椎体圧迫骨折、骨粗鬆症の診断を受け、その後、被告は、Bさんの成年後見人から具体的な危険性を指摘した要望を受けていたにもかかわらず、事故発生及び損害拡大の各防止のために、何らかの対策をとった形跡がない。また、第一事故後も、被告は、原告の就寝後に、被告職員によるこまめな巡視を実施したり、Bさんの居室内のタンスの配置換えによりBさんの転倒を防止する配慮をしていたなどある程度の対策をとっていたものの、それ以上の対策、例えば、被告職員が把握していたカーテンの開閉などのBさんの習慣的な行動は、被告職員の巡視や見守りの際にさせたり、Bさんが一人で歩く際には杖などの補助器具を与えるなどの対策をとったり、そうした対策を検討していた形跡はないし、そもそも入院103日が必要な第一事故後に、Bさんが退所せずに、本件施設に戻ったのであるから、本件契約書第5条2項の痴呆対応型共同生活介護計画の変更を、少なくとも検討する必要が全くなかったとはいいがたい」として、施設側の責任を認めました。

いかに身体拘束が禁止されているからといって、漫然と注意していましたというだけでは事故を避ける努力が不十分であったことは否定できないはずです。特に、Bさんの場合には何回も同じような事故に遭っているのですから、カーテンの開閉という習慣的な行動について、職員がもっと

配慮を尽すべきだったと指摘できるでしょう。

　被告株式会社は、Ｂさんが骨粗鬆症であったことから損害額を減額すべきだという素因減責の主張もしていますが、裁判所は、減額をすべき特別の事情はないと否定しています。また、免責や過失相殺の点についても、Ｂさんが成年後見人の選任を受け、事理弁識能力を欠く常況にあったのであるから、重過失や過失を問うことはできないと判断しています。いずれも正しい判断だと思います。

　本問についても、Ａさんが何回も同じような事故に遭っているのですから、グループホームを運営する会社は、単に居室内のタンスの配置換えなどを行うだけでは不十分であり、Ａさんの習慣的な行動に即した見守り体制を構築したり、転倒防止のための補助器具をＡさんに使用させたりするなどの対策を採らなければなりません。そうしない限り、漫然と見守っているというだけでは責任を免れることはできません。

Q30

高齢者施設での入浴事故

　高度の認知症のあるＡさんは、日中も徘徊することが多かったのですが、ある日、勝手に浴室内に入り込み、給湯して浴槽内に入ったようなのですが、そのまま心肺停止状態となって死亡してしまいました。まさかＡさんが勝手にそんなことをするとは思ってもみなかったのですが、このような不慮の事故であっても、施設を運営している法人としては、法的責任を負わなければならないのでしょうか。

A　Ａさんには高度の認知症があり、日中も徘徊癖があったのですから、施設管理者としては、そのような利用者が勝手に入り込んでしまう危険な箇所には適切に施錠を施しておくべき注意義務があるというべきです。したがって、Ａさんが浴室内に勝手に入り込んで湯水を貯めて入浴することなど、なかなか予想できなかったとはいえ、施設管理に過失がある以上、法的責任は免れないものと思います。

Q30 解説

1 岡山地方裁判所—平成22年10月25日判決

　お尋ねの事案は、平成22年10月25日に岡山地方裁判所で言い渡された判決が参考になるでしょう（岡山地判平成22年10月25日判タ1362号162頁）。

　この判決の事案では、老人保健施設に入所していたBさんが、平成19年12月29日午後1時ころから2時ころまでの間に、施設2階の北東側浴室に入り込み、自ら給湯栓を調整して湯を満たした浴槽に入り、心肺停止状態に陥りました。Bさんは、午後3時20分に職員によって、上衣スウェット、帽子およびズボンを浴室内に放置し、下着シャツおよび紙おむつを着用し、左体側部を下側にしてほぼ完全に水没した状態で発見され、看護師によって心肺蘇生法を施されたものの、午後3時45分、医師によって死亡が確認されたというものです。Bさんの死因は、溺死ではなく、「致死的不整脈疑い」とされているようです。

　Bさんの遺族（相続人）は、老健を運営する社会福祉法人に対して、逸失利益（老齢基礎年金）や慰謝料など合計1,160万円余の損害賠償を請求しました。遺族は、被告法人に動静注意義務、施設管理義務、原因調査義務などの違反があったと主張しましたが、被告法人はそのような抽象的な義務違反の指摘ではなく、浴槽内で死亡したことに関する具体的な注意義務違反が特定されるべきである、Bさんが浴槽内に湯水を入れて入浴するようなことを想定することは非現実的である、などと反論しました。

　岡山地裁は、「被告としては、適正な数の職員を配置し、入居者の動静を見守る努力を傾注するとともに、本件施設中、入居者が勝手に入り込んで利用するようなことがあれば、入居者の生命身体に危険が及ぶ可能性がある設備ないし場所を適正に管理する責任を免れないというべきである。

もっとも、この危険性は、抽象的にとらえるべきではないけれども、浴室は、認知症に陥っている入居者が勝手に利用すれば、濡れた床面で転倒し骨折することもあるし、急激な温度の変化により血圧が急変したりして心臓に大きな負担がかかるのみならず、湯の温度調整を誤ればやけどの危険性もあり、さらには利用者が浴槽内で眠ってしまうことにより溺死するなどの事故が発生するおそれも認められるのであるから、具体的な危険性を有する設備に該当するというべきである」と判断しました。

　そして、「本件浴室と隣接する浴室との間の扉は施錠されておらず（なお、同扉は本件浴室側からしか施錠できない。）、脱衣室から本件浴室へ入る扉も施錠されていなかった。仮に、これらのどちらかの扉が施錠されていたとすれば、本件事故は発生しなかったことは明らかである。そして、たとえ本件事故発生前において、Ｂさんが勝手に浴室に入ろうとしたことがなく、これまで同種の事故がなかったことを前提としても、徘徊傾向を有する入居者が、浴室内に進入することは予見可能であったというべきである」として、「被告には原告ら主張の施設管理義務違反が認められるといえる」ため、「Ｂさんの死亡の結果につき、過失責任があると認めるのが相当である」と判断しました。最終的には、過失相殺の規定も準用して、合計441万円余の損害賠償責任を認めています。

2 岡山地裁判決のポイント

　岡山地裁の過失に関する判断内容は、妥当なものだと考えられます。確かに予見可能性という点では、Ｂさんが過去に勝手に浴室内に入り込んだことがないのですから、若干難しいという面がなくもありません。しかし、利用者が浴室内に入り込んだりする例はよくありますから、Ｂさんだけでなく、他の利用者が勝手に浴室内に入り込むことは予想しておかなければなりません。

もっとも、Bさんは、事故の少し前に長谷川式簡易スケールによる知能検査を行っており（これについては**Q1**を参照）、合計点数は4点であったとされています。そのように判断能力がかなり低下した状態の徘徊癖のあるBさんが、浴室内に勝手に入り込んでしまう危険性は難しいにしても予想できる範囲内だったのではないかと考えられます。
　そうだとすれば、そのような入所者がいる施設では、適切な個所に施錠を行って、不慮の事故が起きないように配慮しておくべきでしょう。そうしていない限り、やはり施設管理に不注意があったと指摘されても仕方ないだろうと思います。
　本問でも、Aさんには高度の認知症があり、日中も徘徊癖があったのですから、施設管理者としては、そのような利用者が勝手に入り込んでしまう危険な個所には適切に施錠を施しておくべき注意義務があるというべきです。したがって、Aさんが浴室内に勝手に入り込んで湯水を貯めて入浴することなど、なかなか予想できなかったとはいえ、施設管理に過失がある以上、法的責任は免れないものと思います。

Q31

高齢者施設での熱傷事故

　Aさんは、老人保健施設に入所していましたが、寒気を訴えて熱もあったため、職員が湯たんぽを入れてあげたのですが、職員が湯たんぽを入れたことを忘れてしまったため、Aさんは低温熱傷を負ってしまいました。職員は湯たんぽを忘れていたことに気づいたため、すぐに冷却処置を行い、看護師に頼んで患部の保護処置なども行ってもらいました。その後も入院措置を取って治療を受けてもらいましたが、その後に死亡してしまいました。施設としては、どこまでの責任を負わなければならないのでしょうか。

A

　Aさんに低温熱傷を負わせてしまった責任は、施設が負わなければなりません。しかし職員は、湯たんぽを入れ忘れたことに気づくと、ただちに創部を氷水で継続して冷却する処置を行い、また、看護師において、抗菌薬を塗布し、ガーゼ、包帯によって創部を保護する処置や水疱を穿刺して内容液を排出し、抗菌薬を塗布する処置を行い、事故後には入院措置を取って、病院の外科において熱傷の治療を受けさせ、退院後も同病院の外科で治療を受けさせているのだとすれば、その後のBさんが死亡に至るまでの責任は、施設が負うべきものとまではいえないでしょう。

Q31 解説

1 東京地方裁判所—平成25年1月30日判決

　お尋ねの事案は、平成25年1月30日に東京地方裁判所で言い渡された判決が参考になるでしょう（東京地裁平成21年（ワ）第44360号）。

　この判決の事件は、被告の管理運営する介護老人保健施設に入所していたBさんの相続人である原告らが、Bさんが熱傷を負い、その後死亡したのは、被告施設の職員の注意義務違反によるものであると主張して、被告に対し、不法行為または債務不履行に基づき、合計3,000万円の損害賠償および遅延損害金の支払いを求めたものです。

　Bさんは、平成17年11月から本件施設に入所していましたが、平成18年12月10日午後7時30分ころ、Bさんが寒気を訴えて発熱（38.8度）も認められたことから、施設職員はBさんを就寝させて、その足下に湯たんぽを設置しました。翌11日午前1時15分ころ、施設職員は、Bさんの両足底が湯たんぽに接触して腫れ、水泡が生じているのを発見したため、この低温熱傷部位を冷却するなどの処置を行いました。

　そして、同日の午前中、Bさんは施設職員とともにクリニックに赴いて医師の診察を受け、2日後には病院に入院しています。10日ほどでAさんは退院しましたが、平成19年1月9日に原告の一人である保護者の同意を得て医療保護入院しました。Bさんは、同月12日ころから、多量の痰を吐くようになり、Bさんの喀痰からMRSA（メチシリン耐性黄色ブドウ球菌）などが採取されています。

　Bさんは、平成19年4月2日午後10時45分に死亡し、死亡診断書上、直接の死因は急性呼吸不全とされています。Bさんの相続人らは、施設職員が湯たんぽを放置してBさんに低温熱傷を負わせたにもかかわらず

その後の処置を怠って、ひいてはBさんを死亡させたとして争ったわけです。

　この事件では、施設職員が湯たんぽを放置してBさんに低温熱傷を負わせたことは施設職員の過失に基づくものであるとして相続人らが請求しましたが、その点に関する法的責任について被告は争っていません。したがって、この裁判でまず問題となるのは、低温熱傷の発生した後の処置を怠ってBさんが死亡したのかどうか、という点になります。

　この点について東京地裁の判決は、直後の処置をしていることや入院治療を受けさせていることなどを理由として、「**被告職員の本件事故後の対応に注意義務違反があったとまでいうのは困難である**」と結論づけています。

　そうすると、次に問題となるのは、低温熱傷が原因でBさんが死亡にまで至ってしまったかどうか、という点になります。これは、被告の施設職員に低温熱傷に関する過失があったとしても、死亡とは因果関係がないのではないか、という問題点になりますが、この点について東京地裁の判決は、Bさんの直接の死因は気管支炎（上気道炎）に起因する呼吸不全であって、MRSA感染がBさんの死亡に関与したとはいい難いし、Bさんが被告施設においてMRSAに感染したと認めるのも、本件低温熱傷部位が感染源であると認めるのも、困難といわざるを得ない、そうすると、「**Bさんが死亡に至る機序について判断するまでもなく、本件事故と同人の死亡との間に相当因果関係があるとも、本件事故がその死亡に寄与したとも認められない**」と結論づけました。

　したがって、結論としては、Bさんの低温熱傷に関する損害として、合計132万円の損害賠償責任を認めただけになっています。

2 東京地裁判決のポイント

　湯たんぽを放置して利用者に怪我（低温熱傷）をさせてしまったというのも、介護事故の一つであることに間違いはありません。したがって、その法的責任は取らなければなりません。しかし、その法的責任の範囲は、施設職員の過失が招いてしまった結果に限られるのであって、すべての結果の責任を負うものではありません。

　この裁判では、施設職員には、湯たんぽを放置してしまった過失があることは明らかですが、Bさんに低温熱傷が生じていることに気づいてからは、被告職員は、ただちに本件創部を氷水で継続して冷却する処置を行い、また、看護師において、抗菌薬を塗布し、ガーゼ、包帯によって本件創部を保護する処置や水疱を穿刺して内容液を排出し、抗菌薬を塗布する処置を行っています。さらに、事故の2日後には入院措置を取って、病院の外科において熱傷の治療を受けさせ、退院後も同病院の外科で治療を受けさせています。したがって、被告職員の本件事故後の対応に注意義務違反があったとまではいえないだろうと思います。

　Bさんの死因は、気管支炎（上気道炎）に起因する呼吸不全であって、MRSA感染がBさんの死亡に関与したとはいい難いでしょうし、Bさんが被告施設においてMRSAに感染したと認めるのも、本件低温熱傷部位が感染源であると認めるのも、困難といわざるを得ないでしょう。したがって、Bさんが死亡したのは、湯たんぽ放置による低温熱傷が原因だとはいえないでしょうから、被告施設には、Bさんの低温熱傷による損害にだけ法的責任を負うというべきでしょう。

　本問でも、Aさんに低温熱傷を負わせてしまった責任は、施設が負わなければなりませんが、その後の死亡に至るまでの責任は施設が負うべきものとまではいえないでしょう。

高齢者施設での誤嚥事故①

　Aさんが入所していた特別養護老人ホームで、Aさんが好きな玉子丼を食べている最中に、食材のかまぼこ片をのどに詰まらせて何回も吸引してかまぼこ片を取り除くという事故が発生しました。その後、Aさんの容態が急変して救急搬送され、結局、Aさんの意識は戻らないまま、約1年後に死亡してしまいました。そのような場合、施設を運営している法人の責任が問われるのでしょうか。

A　玉子丼に入っていたかまぼこ片が原因で容態が急変してしまい、救急搬送の手配などが遅れたためにAさんが死亡してしまったのであれば、死亡という結果を回避する努力が不十分だったと評価せざるをえませんから、施設を運営している法人の責任が問われることになると思われます。しかし、Aさんの容態が急変してしまったのは、Aさんの身体の衰弱によるものであり、救急搬送の手配などにも遅れが認められない場合には、施設を運営している法人には何らの過失も認められないことになりますから、法人の責任が問われることはないだろうと思います。

Q32 解説

1 東京地方裁判所——平成19年5月28日判決

　お尋ねの事案は、平成19年5月28日に東京地方裁判所で言い渡された判決が参考になるでしょう（東京地判平成19年5月28日判時1991号81頁）。

　この判決の事案では、平成7年4月に被告法人が運営する特別養護老人ホームに入所していたBさんが、平成13年8月26日、昼食に玉子丼を食べていたところ、鳴門巻のかまぼこ片（長さ約2センチ、幅約5ミリ、厚さ約2ミリ）をのどに二度詰まらせたため、吸引措置などによってかまぼこ片が取りだされましたが、その後にBさんの容態が急変したため、救急搬送されたものの、事故の約1年後である平成14年7月9日に死亡した（Bさんは当時98歳）というものでした。

　この裁判では、Bさんの相続人である二男と二女が原告となっており、身元引受人となっていたと思われる長女は原告となっていないこと（なお、長男はすでに死亡していたようで相続人になっていません）にも注意すべきだろうと思います。二男と二女は、施設側の安全配慮義務違反を理由に施設側に損害賠償として慰謝料や葬儀費用など合計約2,000万円を請求しました。

　この裁判で争点となったのは、
　① Bさんの容態の急変が食物の誤嚥による窒息が原因だったのかどうか
　② 施設側に安全配慮義務違反（誤嚥監視義務違反）が認められるかどうか
　③ 損害額はいくらか
の3点です。

Bさんの容態の急変については、二度にわたってかまぼこ片をのどに詰まらせていたため、三度目もかまぼこ片が詰まっていたに違いない、と東京地裁では判断されています。何かが詰まってBさんが窒息したのは間違いないのですが、本当にそう言えるのかどうかには疑問があります。裁判所は非常に丁寧に証拠を検討していますが、それを読めば読むほど、どうもそれがかまぼこ片であった確実性は何もないとしか思えません。もしBさんが即死状態で死体解剖などを行えば、窒息の原因は判明するだろうと思いますが、本件のように窒息から約1年後に亡くなられている場合には、窒息の原因を明らかにすることは難しくなります。しかし、かまぼこ片でなく、痰や唾液などであった可能性がないとはいえないと思います。

　安全配慮義務違反については、「一回目の急変後、Bさんの状態を観察し、再度容態が急変した場合には、直ちに嘱託医等に連絡して適切な処置を施すよう求めたり、あるいは119番通報をして救急車の出動を直ちに要請すべき義務を負っていたにもかかわらず、被告の介護職員らはそれらの措置を執らなかった」として義務違反を認めています。損害額については、原告らが合計2,400万円の慰謝料を主張したのに対して、裁判所は一切の事情を考慮して合計400万円が相当である（これには裁判を提起していない長女の分も含まれています）と判断しています。結局、原告らの約2,000万円の請求に対して、合計約300万円の支払いを命じました。

2 東京地裁判決のポイント

　東京地裁の裁判は、誤嚥死亡事故について、Bさんが約1年後に死亡した原因を追及するという難しい裁判になっています。判決を読む限り、かまぼこ片がまだ残っていたという疑いも確かに否定できませんが、他の何かが詰まったのかもしれないという可能性も否定できないように思いま

す。また、Bさんが死亡した原因がかまぼこ片ではなかったとしても、たとえば、まったく救急車の手配もしなかったなど、誤嚥症状が出た後の対応が不十分であれば、被告法人が法的責任を負うのは当然のことです。しかし、身元引受人であったと思われる長女が裁判を起していないことにも象徴されているように、この施設の事故直後の対応が不十分であったとはあまり思えません。判決が言っているように、一回目の急変後ただちに救急車の出動を要請すべきであったというのは、少し現実離れした考え方ともいえるかもしれません。緊急事故対応時は、さまざまなことを判断しなければなりませんし、たとえ救急車の手配を早めに行ったとしても、ただちに救急車が来てくれるという保障もないと思います。

　この事件のおおもとはかまぼこ片が入っていた玉子丼にあるのですが、なぜ特養で昼食に玉子丼なのかについては、興味深い背景があるようです。この施設法人では、利用者の自己決定権を尊重して「自由食事の日」（外部に委託して自由に食事を楽しんでもらうというもので、しかも本件かまぼこ片のようにきざみ食になっています）という積極的な取組みをしていたのです。この事故では、不幸にもBさんの誤嚥死亡事故になってしまいましたが、このような事故を危惧するあまり、利用者の尊厳を尊重するためのこのような取組みがなくならないようにしたいものです。

　本問の場合、玉子丼に入っていたかまぼこ片が原因で容態が急変してしまい、救急搬送の手配などが遅れたためにAさんが死亡してしまったのであれば、死亡という結果を回避する努力が不十分だったと評価せざるをえませんから、施設を運営している法人の責任が問われることになると思います。しかし、Aさんの容態が急変してしまったのは、Aさんの身体の衰弱によるものであり、救急搬送の手配などにも遅れが認められない場合には、施設を運営している法人には何らの過失も認められないことになりますから、法人の責任が問われることはないだろうと思います。

Q33 高齢者施設での誤嚥事故②

　特別養護老人ホームで、嚥下障害のある人に対する食事介助についてほとんど教育や指導を受けていない職員が嚥下障害のあるAさんの食事介助を行っている際に、Aさんにむせ込みがあり、タッピングやかき出し、吸引器による吸引などを行っても事態が改善しなかったことから、Aさんを病院に搬送しましたが、Aさんは意識が戻らないまま心肺停止状態となって死亡してしまいました。このような場合にAさんの遺族は施設側の責任を追及することができるのでしょうか。

A　嚥下障害のある人に対する食事介助を行うにあたって、担当職員の技術が未熟であったためにAさんのむせ込みや誤嚥が生じたのであるとすれば、施設側の日常的な教育・指導に問題があったことは否定できません。したがって、そのような未熟さによって死亡事故に至ってしまったのであれば、施設側は責任を負うべきだと思います。

Q33 解説

1 松山地方裁判所—平成20年2月18日判決

　お尋ねの事案は、平成20年2月18日に松山地方裁判所で言い渡された判決が参考になるでしょう（松山地判平成20年2月18日判タ1275号219頁）。

　この判決の事案には直接関係ありませんが、平成12年から被告法人が運営する特別養護老人ホームに入所していたＢさんは、平成16年4月23日には、入浴の際、被告職員の不注意によって、熱湯の浴槽に入れられてしまったために、背部や臀部などに熱傷を負ったことがありました。この判決で直接問題となった事故は、その後平成17年7月18日、被告職員の介助を受けながら食事をしていたところ、誤嚥によって摂取物を気管に詰まらせたため、Ｂさんは呼吸困難となり病院に搬送されましたが、意識が戻らないまま、同年8月8日に死亡してしまったというものです。

　松山地裁の認定した事実によれば、Ｂさんは、平成17年7月11日から17日までの間、食事の際にむせ込みが相当みられており、むせ込みがあるとＢさんはそれ以上の食事を拒否していたようです。事故は同月18日午前8時20分ころ起きたのですが、Ｂさんの食事は、おもゆやミキサー食であって、担当職員はスプーンでＢさんの口に食事を運び、むせ込みがあったため、Ｂさんの体を起し加減にしてタッピングしたり、口の中に指を入れてかき出しをしたりしたようです。しかしＢさんの顔色が悪くなったため、他の職員に吸引器による吸引を依頼したものの、顔面蒼白で呼びかけにも反応がないため、病院への搬送を手配し、Ｂさんは午前8時33分ころに病院に搬送されました。Ｂさんは搬送時にすでにほとんど心肺停止状態になっており、意識が戻らないまま、同年8月8日に亡くなりました。

松山地裁の判決では、嚥下障害のある人の食事を介助するにあたっては、厚生労働省が設置した「福祉サービスにおける危機管理に関する検討会」が平成14年にまとめた「福祉サービスにおける危機管理（リスクマネジメント）に関する取組み指針」に依拠して、食事介助の留意事項として、

① しっかり覚醒されていることを確認する
② 頸部を前屈させ誤嚥しにくい姿勢にする
③ 手、口腔内を清潔にする
④ 一口ずつ嚥下を確かめる
⑤ 水分、汁物はむせやすいので少しずつ介助すること

などの点を確認しなければならず、これらのことが実際にきちんと行われるように介護を担当する職員を教育、指導すべき注意義務があったものというべきであると判断しました。しかるに被告は、①②③の点を行っていないのであるから、被告には注意義務違反があったと判断しています。

　本件訴訟では、Ｂさんの長女だけが原告となって（Ｂさんの相続人は他に兄の子３名がいます）、2,217万円余の損害賠償を請求しましたが、松山地裁の判決は、1,318万円余の請求を認めました。

2 松山地裁判決の問題点

　しかし、厚生労働省の取組み指針が示している内容は、それぞれ重要なことであることは否定できませんが、それが遵守されなかったからといって、ただちに施設側の過失が認められるというようなものではないはずです。特に食事介助において、誤嚥事故を予防する④⑤についての違反があったことは指摘されておらず、より間接的な内容である①②③についての違反があったことで誤嚥死亡事故の過失を認定しているところには、論理的に大きな問題があるといわざるをえません。

　もっとも、Ｂさんの担当職員は職務経験も浅く、施設を運営している

法人も嚥下障害のある人に対する食事介助について担当職員を教育・指導することもなかったようですから、担当職員の介護技術上の問題がなかったとはいえないように思います。そうだとすれば、むしろ施設側が嚥下障害のある人に対する介護技術上の教育・指導を怠っていたことを注意義務違反と捉えるべきなのかもしれません。

　本問の場合、嚥下障害のある人に対する食事介助を行うにあたって、担当職員の技術が未熟であったためにＡさんのむせ込みや誤嚥が生じたのであるとすれば、施設側の日常的な教育・指導に問題があったことは否定できません。したがって、そのような未熟さによって死亡事故に至ってしまったのであれば、施設側は責任を負うべきだと思います。

Q34

高齢者施設での誤嚥事故③

　Aさんは、有料老人ホームに入居していますが、食事の際にむせ込んだりしたことはありませんでした。確かに、病院からの申し送りによれば、Aさんの心身の能力は徐々に低下していることがうかがわれるのですが、朝食はお一人で居室において食べていただいて大丈夫な方だと考えていました。ところが、入居3日目に居室で食事を摂っていただいていましたが、20分後に見回ってみたところ、Aさんは車椅子の上で頭を後ろに反らせて昏睡状態になっていました。すぐに救急車で病院に搬送してもらったのですが、残念なことにAさんはそのままその夜に亡くなってしまいました。このような場合、ホーム側としては責任を負うのでしょうか。

A

　これまでの下級審判決の流れでは、「事故まで何も誤嚥事故のおそれをうかがわせる兆候がなく、初めて誤嚥事故が生じたものであるから、それを予見することは困難であった」と判断するものが多かったと思います。しかし、Aさんの既往歴や心身の状態およびそれらの情報がホーム側に入っていたことに照らすと、誤嚥を予見できなかったとまでは言い切れないかもしれません。Aさんのような方を居室内において一人で食事させるのであれば、少なくとも食事中の見守りが必要になりますが、20分ごとの見回りでいいかというと、少し長すぎるかもしれません。そうだとすれば、ホーム側としては事故を避ける努力が十分ではなかったとして責任を問われることになるだろうと思います。

Q34 解説

1 大阪高等裁判所—平成25年5月22日判決

　お尋ねの事案は、平成25年5月22日に大阪高等裁判所で言い渡された判決が参考になるでしょう（大阪高判平成25年5月22日判タ1395号160頁）。

　この判決の事案は、被控訴人が経営する介護付き有料老人ホームに入居していたBさんが、入居3日目、自室で朝食を摂っていたところ、ホームから提供されたロールパンを誤嚥し、窒息死してしまった事件です。Bさんの相続人である控訴人らは、ホームの従業員が見回りを十分に行わなかったなどBさんに対する安全配慮を欠いたことによるものであると主張し、被控訴人に対し、それぞれ債務不履行または不法行為に基づき、合計1,300万円弱の損害賠償と遅延損害金の支払いを求めたものです。

　Bさんは、平成22年7月21日に控訴人らに付き添われてこの有料老人ホームに入居しましたが、1日目、2日目ともむせたり誤嚥を疑わせたりするようなことはなかったようです。3日目の23日午前7時50分ころ、職員は、Bさんをベッドから降ろして車椅子に座らせ、サイドテーブルにロールパンを含む朝食を配膳し、Bさんはそのまま一人で朝食を摂りました。ところが午前8時10分ころ、ホームの職員は、車椅子上で頭を後ろに反らせ昏睡状態となったBさんを発見したため、ただちに救急通報を行い、午前8時20分ころ、Bさんは救急車で病院に搬入されましたが、午後7時45分に窒息によって亡くなりました。

2 第一審の神戸地裁の判断

　この事件の第一審である神戸地裁は、平成24年3月30日の判決（判タ

1395号164頁）で、次の六つの理由を挙げて、有料老人ホーム側がBさんの誤嚥事故を予見することは困難であったと判断しました。

① Bさんの症状が軽快したため病院を退院したこと
② Bさんが自立して食事をすることができ、ホーム入居後も食事中に誤嚥のおそれをうかがわせる具体的症状が見られなかったこと
③ Bさんの主治医から特別な食事を提供すべきなどの注意を受けていた事実は認められないこと
④ ホーム入居申込書の食事等の希望・要望には何らの記載もないこと
⑤ Bさんの家族との面談においては、もっぱらうつ病の症状への対処が問題とされていたこと
⑥ Bさんの既往歴にある食道裂孔師ヘルニアによる嘔吐は食後嘔吐であって食事中の誤嚥との直接的な関連性はきわめて低いこと

神戸地裁のこのような判断は、**Q21**の福岡高裁判決、**Q23**の東京地裁判決などと同様に、事故まで何も誤嚥事故のおそれをうかがわせる兆候がなく、初めて誤嚥事故が生じたものであるから、それを予見することは困難であった、とするものです。したがって、下級審判決の流れとしては、割と一貫していたともいえそうです。

3 控訴審の大阪高裁の判断

しかし控訴審である大阪高裁は、そのような神戸地裁の判断を覆しました。大阪高裁は、病院の紹介状や主治医の伝達内容から、Bさんに誤嚥が危惧されることを感得すべきであって、協力医療機関と連携を図り、少なくとも医療機関の初回の診察・指示があるまでの間は、Bさんの誤嚥防止に意を尽すべき注意義務があったと解するのが相当である、と判断しました。

また、Bさんを居室において食事させていれば、異状が生じても気づ

きにくいという事情があったのであるから、このような状況下においては、食事中の見回りを頻回にし、ナースコールの手元配置等を講じるなどして誤嚥に対処すべき義務があるというべきであるとして、ナースコールを入所者の手元に置くことなく、見回りについても配膳後約20分も放置していたのであるから、Bさんの誤嚥防止に対する適切な措置が講じられたということはできず、Bさんの身体に対する安全配慮を欠いた過失があるというべきである、と判断しました。結論として、大阪高裁は、控訴人一人につき300万円余の損害賠償を認めています。

4 大阪高裁判決のポイント

　人は完全な嚥下能力を有していたとしても、加齢によってだんだん嚥下能力も低下してきますし、誤嚥死亡事故を予想して事故予防を行うことは実際にはかなり困難です。誤嚥死亡事故の法的責任を判断するにあたっても、神戸地裁と大阪高裁で判断が異なったように、なかなか難しい判断が求められる事例だと思います。

　大阪高裁の事案では、Bさんが入居して初めての誤嚥事故だったのですが、既往歴やBさんの心身の状態およびそれらの情報が有料老人ホーム側に入っていたことに照らすと、必ずしも誤嚥を予見できなかったとまでは言い切れないかもしれません。もっとも、居室で食事を取っているからといって、食事中にナースコールを手元に必ず置かなければならないものではありません。しかし、食事中の見守りは必要になりますが、20分ごとの見回りでいいかというと少し長すぎるのかもしれません。やはり人の生命に関わる問題は、数分間が勝負になるからです。いずれにしても、Bさんには誤嚥の危険がまったくなかったわけではないのですから、もし誤嚥した場合にはただちに対応できるような措置も取っておくべきだろうと思います。

本問でも、Ａさんが入居して初めての誤嚥事故だったとはいえ、既往歴やＡさんの心身の状態およびそれらの情報が有料老人ホーム側に入っていたことに照らすと、誤嚥を予見できなかったとまでは言い切れないかもしれません。また、Ａさんのような方を居室内において一人で食事させるのであれば、少なくとも食事中の見守りが必要になりますが、20分ごとの見回りでいいかというと少し長すぎるかもしれません。そうだとすれば、ホーム側としては事故を避ける努力が十分ではなかったとして責任を問われることになるだろうと思います。

Q35

高齢者ショートステイでの誤嚥事故①

　ショートステイを利用されているＡさんは、軽度の認知症高齢者ですが、嚥下障害が著しくなってきています。それにもかかわらず、忘年会としておでんが提供され、４センチ前後のこんにゃくやはんぺんが食事に出され、職員が嚥下動作を確認しないまま、これらの食材を口に入れたために、Ａさんは窒息してしまい、亡くなってしまいました。誰が見ても、この事故は施設側に過失があると思いますが、このような事故を二度と起さないようにするためには、どうしたらいいのでしょうか。

A 　担当職員は嚥下動作を確認しないまま、こんにゃくとはんぺんを口に入れているのですから、過失があったことは当然に認められます。しかしこのような事故を二度と起さないようにするには、事故を起こした職員を叱責するだけでは何の解決にもなりません。おでんを調理する担当者が嚥下障害のある利用者のために、こんにゃくやはんぺんは取り除くとか、入れるにしても「きざみ」にして飲み込みやすくしておくとかの配慮をしなければいけませんし、施設長もそのような食材の状況と利用者の心身の状態を確認しておくべきです。質問を読む限り、利用者に対する配慮がまったく欠けているのであって、まさに運営システムが完全に壊れているとしか言いようもありませんから、このような介護事故を二度と起こさないようにするには、利用者の心身の状態や介助内容の状況などを日常的にきちんと把握できるような運営システムにつくり直すことが必要です。

Q35 解説

1 名古屋地方裁判所—平成16年7月30日判決

　お尋ねの事案は、平成16年7月30日に名古屋地方裁判所で言い渡された判決が参考になるでしょう（名古屋地裁平成14年（ワ）第2028号）。

　この判決の事案は、嚥下障害のある軽度の認知症高齢者Bさんが、被告の社会福祉法人が経営する特別養護老人ホームのショートステイにおいて、職員による食事介助中に、こんにゃくとハンペンをのどに詰まらせて窒息死したというものです。

　Aさんは、たびたび被告が運営しているショートステイを利用していたところ、平成13年12月16日、被告施設では年忘れ会が催され、入所者に対する昼食として助六寿司やおでん等が提供されました。担当職員は、午後0時30分ころ、居室ベッドにいたBさんを車椅子に移乗させて食堂へ連れて行き、テーブルの脇にBさんを乗せた車椅子を止めて正面に立ち、中腰でやや見下ろすような姿勢でBさんの食事の介助をしていました。なお、その職員は、Bさんの他にもう一人の入所者の食事介助も同時に担当していました。

　職員は、スプーンを用いて食物を小分けして、「次何を食べます」等の声かけをし、Bさんが口を開けるのを待って食物を食べさせることを繰り返していましたが、最初に助六を食べさせた後、おでんの卵、こんにゃく、はんぺんの順でBさんに食べさせています。この施設では、食材をいわゆる「きざみ」にするのでなく、「一口大」にしており、こんにゃく一切れが底辺約3.6センチ・上辺約2センチ×高さ約3センチの台形のものと、底辺約2センチ×高さ約4.5センチの直角三角形のものの2片に切り分けてあり、はんぺん一切れも約4.8センチ×約3センチの四角

形のものに切り分けてあります。そして、職員は、Bさんにまずこんにゃく2片を食べさせ、次いで、はんぺん1片を食べさせた後、介助を担当していたもう一人の入所者に目を向けて声かけをし、Bさんに目を戻したところ、Bさんが苦しそうな表情で「うー」というような声を発しているのを発見しました。

　職員は、Bさんののどに何かが詰まったと判断し、口の中を覗いたが何も入っていないように見えたため、左手でBさんの頭を押さえて身体を前へ倒し右手で背中を叩いてタッピングをしましたが、Bさんの状態はよくならなかったため、看護職員を呼び、駆けつけた複数の看護職員らがBさんを逆さにしてタッピングをしたところ、2センチ大くらいのはんぺんが2個出てきました。その後、消防署から救急隊が駆けつけ、はんぺんと1センチ大くらいのこんにゃく1個を除去しました。しかし、Bさんは心肺停止状態で病院に搬送され、午後2時26分、窒息が直接死因で死亡しました。

　Aさんの入所時調査票にも嚥下障害があることが明記されていますし、以前にショートステイを利用した際の一般状態調査票にも嚥下障害があることがはっきりと記載されていますので、食事介助中に不顕性誤嚥事故を生じうる予見可能性はまぎれもなく認められる状態にありました。

　しかしながら被告の施設では、最も嚥下困難なこんにゃくやはんぺんをきざみにすることもなく、しかも職員には他の利用者の食事介助まで担当させて、嚥下障害の著しいBさんにおでんを食べさせたのです。遺族は、不法行為（使用者責任）または債務不履行（安全配慮義務違反）に基づき、合計3,400万円余の損害賠償を請求しました。

　名古屋地裁の判決では、本人に嚥下障害があるのですから、こんにゃくやはんぺんを食べさせるに際しては、誤嚥を生じさせないよう細心の注意を払う必要があったにもかかわらず、担当職員は、口の中の確認や嚥下動作の確認をしないまま、こんにゃくに続いてはんぺんを食べさせたことに

過失があったと判断しています。そして、この判決では、被告には合計2,400万円余の損害賠償責任があることを認めました。

2 名古屋地裁判決のポイント

　軽度の認知症があり嚥下障害もある高齢者に対して食事介助する際には、不顕性誤嚥による窒息死事故が予想されるのですから、誤嚥事故を生じないように細心の注意を払うべきです。それにもかかわらず、担当職員は嚥下動作を確認しないまま、こんにゃくの次にはんぺんを口に入れているのですから、過失があったことを否定できるものではありません。名古屋地裁判決が被告の法的責任を認めたのは当然のことです。

　しかし、名古屋地裁判決から学ぶべきことはもっと別な点にあると思います。問題は、二度とこのような事故を起こさないようにするにはどうすべきかにあるのであって、担当職員が未熟だったというだけでは済まない問題をたくさん抱えていると思います。

　まず、本件の担当職員が食事介助を担当しているのは、死亡した高齢者だけではありません。判決によれば、担当職員は、もう一人別な高齢者の食事介助も担当しています。もう一人の高齢者には嚥下障害はなかったようですが、こんにゃくとはんぺんを食事に出すのであれば、嚥下障害がない人であっても、食事中の見守りを欠かすことはできないだろうと思います。

　次には、"おでん"という理由だけで、「きざみ」ではなく、「一口大」のこんにゃくとはんぺんを出しているようです。そのような発想は、利用者のことを本当に理解しているといえるのでしょうか。高齢者の心身の状況は日々変動していますから、嚥下障害の診断がなかったとしても、利用者の状態把握は充分だったのでしょうか。この事件では、あらゆる記録にBさんの嚥下能力の低下状況が記されています。食事を出す際に、利用

者の現実的な能力低下状況を確認していれば、決してこのようなひどい死亡事故は起きないだろうと思います。

　この事件は、被告である法人の運営システムと日常的な業務姿勢があまりにも不十分であったことを窺わせる内容になっています。つまり、本件事故の直接の原因は担当職員が嚥下動作を確認しなかったという過失にあるのですが、このような介護事故を引き起こしている本当の原因は、被告である法人の運営システムが完全に壊れてしまっていることにあることを示していると思います。介護事故は、たった一人の過失で起きるものではありません。もし起きるのだとしたら、たった一人の過失で簡単に事故になってしまうような脆弱なシステムになっていることが問題なのです。

　本問でも、おでんを調理する担当者が嚥下障害のある利用者のために、こんにゃくやはんぺんは取り除くとか、入れるにしても「きざみ」にして飲み込みやすくしておくとかの配慮をしていればいいわけです。施設長もそのような食材の状況と利用者の心身の状態を確認すべきであるし、嚥下障害が著しい利用者の食事介助には一人の担当者を当ててその担当者には他の利用者の食事介助まで担当させるべきではないでしょう。この事件では、ことごとく利用者に対する配慮が欠けており、まさに運営システムが完全に壊れているとしか言いようもありません。

　したがって、介護事故は、「一人のミス」によって起きるのではなく、「システムの欠陥」によって起きるのだということを学んでおくべきだろうと思います。そうだとすれば、このような介護事故を二度と起こさないようにするには、利用者の心身の状態や介助内容の状況などを日常的にきちんと把握できるような運営システムにつくり直すことが必要なのであって、事故を起こした職員を叱責するだけでは何の解決にもなりません。この事件の担当職員は、Bさんから見れば加害者にほかなりませんが、運営システム全体から見れば被害者の一人でもあると言えるでしょう。

Q36

高齢者ショートステイでの誤嚥事故②

　Aさんは嚥下障害のある認知症高齢者です。Aさんは在宅においてあまり十分なケアを受けていないようなので、私が勤務しているショートステイを利用していただいて、少しでも楽に過ごしていただけたらと思っています。しかし、Aさんを受け入れるのは相当高いリスクがあるのも確かなので、Aさんの受入には難色を示す同僚もいます。Aさんを受け入れた場合、どのようなことに気をつけておけばいいのでしょうか。事前に準備しておくべきことがあるでしょうか。

A　Aさんに誤嚥の危険性があることは十分に予想できたのですから、Aさんが窒息してしまうのを避けるために最大限の努力を尽さなければなりません。もしAさんが窒息した場合には、緊急の救命措置を行うとともに、病院に救急搬送するなどの的確な行動が要請されます。ショートステイのような在宅サービスの場合、家族のほうが利用者に関する情報を多く保有していることが多いのですから、救急搬送に関しては、利用者の主治医に見てもらうほうがいいときもありますし、緊急の場合における手配について家族に事前に確認しておいたほうがいいと思います。そして、緊急マニュアルを設けておき、緊急の場合に時間的なロスが生じてしまわないようにしておくことが重要だろうと思います。

Q36 解説

1 横浜地方裁判所川崎支部—平成12年2月23日判決

　お尋ねの事案は、平成12年2月23日に横浜地方裁判所川崎支部で言い渡された判決が参考になるでしょう（横浜地川崎支部判平成12年2月23日「賃金と社会保障」1284号43頁）。

　この判決の事案では、重度の認知症高齢者がショートステイ入所3日目に食物の誤嚥によって窒息死した事故です。多発性脳梗塞による重度の認知症の症状があるBさんが、将来の準備のために3日間のショートステイをしました。介護職員がBさんの食事介助を行い、薬を飲ませていたところ、その直後に異変が生じ、救急車が到着したときには、Bさんはすでに呼吸停止・心停止状態になっていた、という事故です。

　Bさんには嚥下障害があり、食べ物を噛んでいる時間が長く、なかなか飲み込めないという傾向にあったため、ショートステイで受け入れようとする職員間でもどのような介助をすべきか相当議論したようですが、不幸にして死亡事故になってしまったという痛ましい事件です。遺族側は、この事件において、合計2,400万円の損害賠償を請求しました。

　この事件では、Bさんに嚥下障害があることは明らかだったのですから、誤嚥事故の予見可能性は十分に認められるはずです。したがって、結果回避のための措置が十分に果たされていたかについてが、この裁判の争点になります。この点について、横浜地裁川崎支部の判決は次のように判断しました。「（介護職員ら）は、誤飲を予想した措置をとることなく、吸引器を取りに行くこともせず、また、午前8時25分ころに異変を発見していながら、午前8時40分ころまで救急車を呼ぶこともなかったのであり、この点に、適切な処置を怠った過失が認められる」のであって、「速やか

に背中をたたくなどの方法を取ったり、吸引器を使用するか、あるいは、直ちに、救急車を呼んで救急隊員の応急処置を求めることができていれば、気道内の食物を取り除いて、Aを救命できた可能性は大きいというべきである」。

そして、横浜地裁川崎支部は、ショートステイ運営側に対し、Bさんの死亡慰謝料2,000万円、葬儀費用120万円、弁護士費用100万円を損害として認定し、合計2,220万円の支払いを命じました。なお、この裁判にはショートステイ運営側が東京高裁に控訴しましたが、1,800万円で和解したとされています。

2 横浜地裁川崎支部判決の問題点

Bさんの誤嚥事故は、明らかに食物がのどに詰まったことがわかるような「顕性誤嚥」事故ではなく、それがわからない「不顕性誤嚥」事故です。そうすると、不顕性誤嚥による死亡という結果を回避する措置をどのようにすればいいのかについては、大変難しい問題があります。この判決では、簡単に「吸引器を使用」すべきだと判断していますが、介護の現場で吸引器を簡単に使用していいのか、つまり吸引器の使用は医療行為ではないか、が判決当時は大問題でした。

現在は、介護の現場でも、介護福祉士および一定の研修を受けた介護職員等は、一定の条件のもとに痰の吸引等の行為を実施できることとされています。介護職員等は、「喀痰吸引等研修」を受け、「認定特定行為業務従事者認定証」を交付してもらい、その上で、医師の指示に基づき、看護師等と連携して、痰の吸引等を行うことができます。

判決当時は吸引器を使用できなかったのだとすると、この判決のように簡単に「吸引器を使用」すべきだとはいえなかったはずです。しかし、そうだからと言って、誤嚥死亡事故を回避するためだけに、必要もないのに

「常食・常菜」をミキサー食に変えてしまったり、あまりに早期に胃ろうを設置したりするなどの結果回避措置を取ってしまうのは、本人の人格を尊重することにはならないため、専門家であるべき福祉の現場従事者がそのようなことを行うのはまさに本末転倒です。

　この事故における事業者は、Bさんに誤嚥事故のリスクがあるにもかかわらず、Bさんの尊厳を重視して、いたずらにミキサー食に変更したりせずに介助しようとしたのですから、その面では高い評価に値すると思います。確かに、誤嚥による死亡事故を起こしてしまったのは問題ですし、判決の認定した事実による限り、事故後の対応に若干の遅れがなかったとは言い切れないとも感じますから、結論として、法的責任が認められたのはやむを得ないのかもしれません。

　しかし、この判決は、非常に難しい問題を多々含んでいたにもかかわらず、非常に簡単な内容で、多くの疑問を残す結果となってしまいました。Bさんがショートステイを利用するに至った経緯やショートステイでの職員の取組み内容、誤嚥事故が生じた場合の緊急措置をどのようにすべきか、などについて、裁判所はもっと検討してもよかったのではないかと思われます。そうでなければ、誤嚥事故が予想されるような利用者に対しては、裁判によるリスクをおそれて前倒し的に人格を害するような措置が取られていかないとは限らないからです。福祉関係者は、介護事故が裁判になった場合、裁判所に対して、もっと積極的に構造的な問題点を明らかにし、具体的に説明していく必要性も認識しておくべきでしょう。

　本問では、Aさんに誤嚥の危険性があることは十分に予想できたのですから、窒息してしまうのを避けるために最大限の努力を尽さなければなりません。そしてもしAさんが窒息した場合には、緊急の救命措置を行うとともに、病院に救急搬送するなどの的確な行動が要請されます。ショートステイのような在宅サービスの場合、利用回数が少ない段階では運営側には利用者の心身に関する情報量が少なく、家族のほうが利用者の心身に

関する情報を多く保有しています。

　したがって、救急搬送に関しては、利用者の主治医に見てもらうほうがいいときもありますし、家族に緊急の場合における手配について事前に確認しておいたほうがいいと思います。そして、緊急マニュアルを設けておき、緊急の場合に時間的なロスが生じてしまわないようにしておくことが重要だろうと思います。

Q37

障害者施設での転倒事故

　Aさんは、知的障害者更生施設で生活しています。非常に多動的で、頻繁に転倒することがあり、自傷行為や他害行為もあります。他の利用者から攻撃されることもあります。ある早朝、Aさんがトイレに行こうとしているのを夜勤の職員が発見したため、駆けつけたところ、Aさんは便器の中に手を突っ込んでいました。職員は、Aさんの身体を抱えて立たせましたが、Aさんは職員の手から逃れるように小走りでトイレの入り口に向かいました。Aさんは、つかまれたり手をつながれたりするのを嫌う傾向にあったので、夜勤の職員はもっと暴れると危険だと判断し、Aさんがトイレから出て行くのを見守っていたところ、Aさんはその場で転倒し、前額部を洗面台の手すりにぶつけて怪我をしてしまいました。このような場合であっても、Aさんが怪我をしてしまった以上、夜勤の職員には注意義務違反（過失）があったと言われてしまうのでしょうか。

A　夜勤の職員の判断と行動は、やむをえないものであったと評価していいと思いますから、注意義務違反（過失）があったということはできないと思います。施設に対して、Aさんが多動性の活動を行っている間、Aさんに常時ついて回ることまで必要になってしまうような、あまりにきびしすぎる義務を課してしまうと、Aさんの個人としての人格も尊重しないことになってしまいますし、また、多動傾向のある知的障害者の受入先がなくなってしまい、ひいては開放的処遇を通じた成長や社会適応の途を実質上閉ざすことにもなりかねないと思います。

Q37 解説

1 横浜地方裁判所—平成22年3月25日判決

　お尋ねの事案は、平成22年3月25日に横浜地方裁判所で言い渡された判決が参考になるでしょう（横浜地裁平成20年（ワ）第1359号）。

　この事件は、被告の社会福祉法人が経営する知的障害者更生施設に、平成16年4月から入所していたBさんが、平成17年10月2日午前4時50分ころ、トイレ内で転倒して右前額部を打撲して裂傷を負い、午前8時過ぎに病院に搬送されて手術を受けたものの、この打撲の後遺症が残ったというものです。

　Bさんには、平成19年9月26日、横浜家庭裁判所小田原支部で成年後見開始審判がなされました。そして、成年後見人らが原告となり、被告に対し、主位的請求として不法行為による損害賠償請求権に基づき、予備的請求として知的障害者入所更生施設サービス利用契約の債務不履行（安全配慮義務違反）による損害賠償請求権に基づき、Bさんにつき金1億4,000万円弱等を請求しました。

　横浜地裁は、Bさんには、頻繁な転倒事故等があり、また、自傷したり、トイレに行って自傷部分を便器の水で顔を濡らしたり、つかみかかる、噛むなどの他害行為をしたり、逆に他者から噛まれたりを繰り返していたことも認定しています。

　被告施設の人員体制は、国指定の施設運営基準を上回っており、夜間も宿直ではなく夜勤で対応していました。平成17年10月2日午前4時50分ころ、Bさんがトイレに入っていくのを見たため、夜勤の職員が急いでトイレに駆けつけたところ、Bさんは洋便器の前にかがんで手を汚水に入れていました。夜勤の職員がBさんの後ろから両手で抱きかかえて立た

せたところ、Bさんは出入り口のある本件洗面台方向に向かって小走りで進んでいってしまいました。Bさんは、つかまれ続けたり手をつながれ続けたりするのを嫌う傾向にあったこともあって、夜勤の職員はBさんがトイレから出て行くのを見守っていましたが、Bさんは、洗面台付近を右折しようとしたものの、足がついていかず、右前額部を洗面台またはその周囲の手すりにぶつけて転倒して打撲したと認定されています。

横浜地裁は、「被告は、知的障害者入所更生施設として、開放的処遇を通じて、利用者が通常人と同じ生活をしていくというノーマライゼーションの実現を目標にする一方、病院と比較して人員も限られていることが認められ、Bさんに対しては、被告が施設運営基準に基づいて設定する人員配置において、可能な限りの安全配慮義務を負ったにすぎないものというのが相当である」とし、「夜勤の職員がBさんの問題行動を制止し得たとしてひとまず安堵するのはやむを得ないことであるし、Bさんは手をつながれ続けたり、つかまえ続けられたりすることを好まないのであって、これを行えばBさんにストレスが生じて新たな問題が生じる可能性もあるから、夜勤の職員が、さらにBさんの手を取ったり、腰に手を添えて付き添うなどして歩行を介助する義務があったとまで認めることはできない」としました。

そして、そのような義務を認めると、「Bさんが多動性の活動を行っている間、介助を行うために同人を常時ついて回ることを意味しかねないのであって、被告の人員配置上不可能を強いることになる一方、被告において、Bさんや同様の状態にある知的障害者の受入れを困難にし、これら知的障害者に対して、被告施設の利用、ひいては開放的処遇を通じた成長や社会適応の途を実質上閉ざすことにもなりかねないのであるから、相当ではない」と判断し、原告らの請求を棄却しています。

2 横浜地裁判決のポイント

　横浜地裁の事件は、多動的な知的障害者に対する深夜・早朝における安全配慮義務の内容が問題となったものです。現状の法令に基づく人員基準が適切なのかどうかはともかく、現状の人員基準で可能な範囲の結果回避義務を尽すことが最低限必要なのですから、たった一人の夜勤で多動的な知的障害者の夜間のトイレ介助を行うことはそれだけでも大変なことでしょう。しかも、Bさんはトイレの中の汚水に手を突っ込んでおり、それを放置することはBさんの衛生面にもよくないのは明らかですから、Bさんを抱えて立たせたまではよくても、Bさんが逃れるように動いていったというのであれば、それを制止しようとするとかえってBさんが暴れ出してしまうことも考えなければなりません。そうなった場合には、この事故よりももっとひどく転倒することも考えられます。

　そうだとすると、横浜地裁の事案において、夜勤の職員が取った見守り行動はやむを得ない範囲のものだったのではないかと思います。したがって、横浜地裁の転倒事故については、施設側は法的責任を負わないものと考えていいのではないかと思います。Bさんにはこの転倒事故によって入院・治療が必要になったのですが、健康保険の限度額適用認定制度などに基づき、自己負担費用はかなり低くすることができるでしょうから、施設側の責任を否定したとしても、現実的な不都合はそれほど大きくないだろうと思います。

　本問においても、夜勤の職員の判断と行動は、やむをえないものであったと評価していいと思いますから、夜勤の職員に注意義務違反（過失）があったということはできないと思います。施設に対して、横浜地裁が指摘しているように、Aさんが多動性の活動を行っている間、介助を行うためにAさんに常時ついて回ることまで必要になってしまうような、あま

りにきびしすぎる義務を課してしまうと、Aさんの個人としての人格も尊重ないことになってしまいますし、また、多動傾向のある知的障害者の受入先がなくなってしまい、ひいては開放的処遇を通じた成長や社会適応の途を実質上閉ざすことにもなりかねないと思います。

Q38

障害者施設での入浴事故

　Aさんは、東京都愛の手帳4度の軽度の知的障害者ですが、知的障害者更生施設で生活しています。ある夜、Aさんが午後9時に就寝したはずであるにもかかわらず、職員が施設内を見回っていたところ、午後10時ころ、浴槽内において裸で水没・溺死しているAさんを発見し、病院に搬送しましたが、Aさんの死亡が確認されました。このような突発的な事故について、施設は責任を負わなければならないのでしょうか。

A　Aさんの死因がどのようなものであったのかが重要であるにしても、浴室はそれ自体で具体的な危険性を有する設備に該当するはずですから、施設入所者が勝手に入り込んでやけどしたり溺死したりしないよう、施設管理者は浴室を利用しない時間帯は施錠しておくなどの方法によって事故の発生を予防すべきです。そのような事態は、必ずしも予想できないものではありません。そうだとすると、きちんとした管理対応がなされていなければ、施設を運営している法人の責任は否定できないのではないかと思います。

Q38 解説

1 東京地方裁判所—平成18年11月17日判決

　お尋ねの事案は、平成18年11月17日に東京地方裁判所で言い渡された判決が参考になるでしょう（東京地裁平成17年（ワ）第4035号）。

　この事件は、被告の社会福祉法人が経営する知的障害者更生施設の女子棟に、平成4年7月から入所していたBさんが、平成14年5月7日午後9時には自室ベッドで就寝したはずであるにもかかわらず、午後10時ころ、施設内の浴室内の浴槽で、裸のまま右横臥で顔面を湯の中に水没させているところを発見されたため、病院に搬送されましたが、午後11時7分に死亡が確認されたというものです。

　Bさんは、東京都愛の手帳4度の軽度の知的障害者であり、自力で衣服の着脱や歩行、ドアや窓の開閉等は可能であったとされています。Bさんは独身であって、Bさんの相続人は兄、姉、弟の3名です。Bさんのこの事故に対しては、Bさんの兄と姉が原告となり、被告法人に対して、安全配慮義務違反を理由として、慰謝料等合計3,000万円の損害賠償請求訴訟を提起しました。

　この裁判においては、Bさんがなぜ死亡するに至ったのか、その死因を特定することが重要になります。なぜなら、事業者側の過失によって死亡事故に至ったのかどうかが問題だからです。原告らは、事故当時の浴槽内の湯の温度が50度以上であったとし、咽喉頭浮腫による窒息死、熱湯ショックによる死亡、熱中症による死亡、溺死の可能性を指摘していましたが、東京地裁は、そのいずれの点に関しても認めるに足りる証拠はないとして、結局のところBさんの死因は不明であるといわざるを得ず、Bさんの死亡と浴室管理との間に因果関係を認めることができないとの理由

で原告らの請求を棄却しています。

2 東京地裁判決のポイント

　東京地裁の事件は、知的障害のある女性が浴槽内で死亡しているのが見つかった事件ですが、その死因を特定できないことから、因果関係が認められないとして原告らの請求を認めることができないとしました。訴訟上の理屈としては、Bさんが死亡したことの因果関係を立証することは原告の責任であって、それを立証できなければ、被告法人の責任を認めることはできません。そうすると、死因の特定が重要になるのは当然ですが、死因を特定できなかったからといって、被告法人の責任がまったく認められないというものではないのではないかとも思います。

　確かにこの事件は不可解であって、Bさんが突然湯に入ったとたん、心肺機能が停止してしまったなどの可能性を否定できるものではないかもしれません。しかし、もしそうだとしても、夜の10時ころに自由に施設内の浴室に利用者が一人で入り込み、心臓麻痺などによって浴槽内で死亡してしまう危険性はあるのですから、施設管理者としては、そのような事故が起きないように注意しておかなければならないはずです。

　Q30で引用した岡山地裁の判決（本判決よりも後の平成22年10月25日の判決）では、「浴室は、認知症に陥っている入居者が勝手に利用すれば、濡れた床面で転倒し骨折することもあるし、急激な温度の変化により血圧が急変したりして心臓に大きな負担がかかるのみならず、湯の温度調整を誤ればやけどの危険性もあり、さらには利用者が浴槽内で眠ってしまうことにより溺死するなどの事故が発生するおそれも認められるのであるから、**具体的な危険性を有する設備に該当するというべきである**」と判断しています。

　そして、岡山地裁の判決では、「**本件浴室と隣接する浴室との間の扉は**

施錠されておらず（なお、同扉は本件浴室側からしか施錠できない。）、脱衣室から本件浴室へ入る扉も施錠されていなかった。仮に、これらのどちらかの扉が施錠されていたとすれば、本件事故は発生しなかったことは明らかである。そして、たとえ本件事故発生前において、Ｂさんが勝手に浴室に入ろうとしたことがなく、これまで同種の事故がなかったことを前提としても、徘徊傾向を有する入居者が、浴室内に進入することは予見可能であったというべきである」として、「被告には原告ら主張の施設管理義務違反が認められるといえる」ため、「利用者の死亡の結果につき、過失責任があると認めるのが相当である」と判断しました。筆者は、岡山地裁の判決のほうが妥当ではないかと思います。岡山地裁の判決が指摘しているような内容は、高齢者施設のみならず、障害者施設にもそのまま当てはまる内容でしょう。

　したがって、本問では、Ａさんの死因がどのようなものであったのかが重要であるにしても、浴室はそれ自体で具体的な危険性を有する設備に該当するはずですから、施設入所者が勝手に入り込んでやけどしたり溺死したりしないよう、施設管理者は浴室を利用しない時間帯は施錠しておくなどの方法によって事故の発生を予防すべきです。そうだとすると、そのような対応がなされていなければ、死亡までの責任は負わない場合があるとしても、施設を運営している法人の責任をまったく否定することはできないと思います。

Q39

障害者ホームヘルプ中の誤嚥事故

　Ａさんは、中枢神経障害による体幹機能障害によって歩行・起立・座位不能なため、ホームヘルプによる食事介助を受けていました。ある日、ヘルパーがＡさんの食事介助をしていた際、Ａさんが突然上半身を前後に揺らして顔色がどんどん悪くなってきたため、ヘルパーが家族に異変を伝えたところ、家族がいつものてんかん発作だとしてＡさんに座薬を投与したので、ヘルパーは安心して事業所に戻ってきました。しかし、Ａさんはその後に搬送された病院で誤嚥による窒息死が確認されたそうです。このような場合、ヘルパーにも責任を課されるのでしょうか。

A　Ａさんに異常事態が生じているにもかかわらず、ただちに誤嚥を疑わなかったのだとしても、ヘルパーは、看護師等に確認したりすることもなく、家族のてんかん発作だという言葉をそのまま鵜呑みにして救命措置を何もしていません。もしヘルパーがただちに吸引措置などを行って窒息死を避ける行動を取っていれば、Ａさんの命は助かったかもしれません。したがって、ヘルパーの行動には過失が認められますから、ヘルパーの責任を否定することはできないだろうと思います。

Q39 解説

1 名古屋地方裁判所一宮支部——平成20年9月24日判決

　お尋ねの事案は、平成20年9月24日に名古屋地方裁判所一宮支部で言い渡された判決が参考になるでしょう（名古屋地一宮支部判平成20年9月24日判タ1322号218頁）。

　名古屋地裁一宮支部が認定したところによれば、次のような事実が認められています。中枢神経障害による体幹機能障害によって歩行・起立・座位不能であった未成年のBさんについて、被告の有限会社によるホームヘルプ・サービス契約をBさんの親権者である両親と被告会社とが平成16年10月22日に締結しました。

　被告会社のホームヘルパーは、平成17年10月24日午後7時25分ころ、Bさんの自宅において、Bさんの母親が用意した食事を食べるのを介助していた際、むせたりしていなかったものの、8割程度食べたところで突然Bさんが上半身を前後に揺らしてBさんの顔色が悪くなったため、ヘルパーはBさんの背中を叩いて声をかけましたが、Bさんの反応がなくなりました。ヘルパーが家族に向かって大きな声で「Bさんがおかしいんです。へんなんです」と言ったところ、祖母は「発作だわ」と言って、てんかん発作に使用する座薬をBさんに投与しました。

　しかし、午後7時40分ころ、Bさんは顔面蒼白でチアノーゼが出ていたことから、母親は発作ではないと判断し、119番通報した上で救命措置のために気道を確保しようとしてBさんの口を開けたところ、口の中にロールキャベツのかんぴょうが詰まっているのが見えたので、吸引機でかんぴょうを取り除きました。被告の代表者は、ヘルパーの電話連絡を受けて、誤嚥の可能性があると判断し、吸引と人工呼吸、心臓マッサージをす

るよう指示していました。救急隊が到着するまで、母親とヘルパーは人工呼吸および心臓マッサージを交代で継続していました。しかし、Bさんは、病院に搬送されたものの、翌25日午後8時20分に誤嚥による窒息によって死亡しました。

　Bさんの両親は、ヘルパーに対しては誤嚥を予見して窒息死を回避する義務を怠った過失があるとの理由により、また、被告会社の代表者に対してはヘルパーに十分な指導をしていなかった過失があるとの理由により、ヘルパーと代表者、被告会社に対して、合計4,000万円の損害賠償を請求しました。名古屋地裁一宮支部は、「誤嚥には、その特徴的な症状として、通常むせが生じるにもかかわらず、本件においては、Bさんがむせを生じなかったこと、被告ヘルパーはこれまでむせを生じない誤嚥に接したことはなく、Bさんの発作にも接したことがないこと、被告ヘルパーがBさんの異変に気づいた際に、祖母にその旨を伝えたところ、祖母がてんかんの発作であると判断し、Bさんに座薬を投与したことが認められることからすると」、「被告ヘルパーはBさんが誤嚥に陥っていることに直ちに気づくべきであったとまでは認め難い」としました。

　しかし、被告ヘルパーは、「異常事態の原因を自ら判断できなかったとしても、少なくとも、被告会社ないし被告代表者に対して連絡する程度の異常事態であったとの認識は持つべきであった」とし、「Bさんの異変に気づいた際に、被告会社ないし被告代表者に連絡を取るべきであったにもかかわらず、これを怠ったという過失が認められ、上記過失とBさんの死亡との間には因果関係があるというべきである」と判断しました。そして、Bさんの祖母がてんかん発作だと判断したことも起因しているとして、2割を過失相殺し、被告会社および被告ヘルパーに対して、合計2,032万円の損害賠償責任を認めています。

2 名古屋地裁一宮支部判決のポイント

　名古屋地裁一宮支部判決は、被告ヘルパーに対して、経験は浅くとも専門家として非常にきびしい責任を課す結論を導いています。それは、「呼吸が停止してから１分以内に応急手当を行えば97パーセントが助かり、２分以内なら90パーセント、３分以内なら75パーセントが助かるとされている」ということを非常に重視しており、「被告代表者が看護師の資格を有する者であったこと、実際に被告代表者は、被告ヘルパーから連絡を受けた際に、現場に居合わせていないにもかかわらず誤嚥であるとの疑いを持ち、吸引と人工呼吸、心臓マッサージをするように指示したこと、誤嚥の場合の対処法として、掃除機を使用する、指交差法による開口と指拭法、背部叩打法、ハイムリック法、側胸下部圧迫法などによる異物の除去を行うことが可能であったこと、原告母親がＢさんを開口させたときに、かんぴょうが詰まっているのが目視できる状態にあったことからすると、上記の方法によって、十分に異物を除去することが可能であったと認められる」のであるから、「被告ヘルパーが異常事態を認識して、早期に被告会社ないし被告代表者に連絡を取れば、十分にＢさんの誤嚥による窒息死を防ぐことが可能であったと認められる」と判断していることに基づいているのだと思われます。

　確かに、誤嚥による窒息の場合、人の命が救えるかどうかは、この判決が指摘しているように数分間が勝負だともいえるでしょう。そういう意味では、介護の現場は非常に緊張するきびしい事態に備えていなければならないということになると思います。もっとも、被告ヘルパーが誤嚥を疑ってただちに吸引措置などを行っていれば、Ａさんの命は助かっていたかもしれませんし、必ずしもそうではなかったのかもしれません。この事故において被告ヘルパーがいかにも不慣れな対応しかしていないとはいえ、

Bさんの命が必ず助かっていたとまではいえないのではないかと思います。そういう意味では、この判決の結論は少しきびしすぎるのではないかという気もします。

　本問では、名古屋地裁一宮支部の判決の事案とは異なって、Aさんに異常事態が生じているにもかかわらず、ヘルパーは、ただちに誤嚥を疑わなかったとしても、看護師等に確認したりすることもなく、家族のてんかん発作だという言葉をそのまま鵜呑みにして救命措置を何もしていません。もしヘルパーがただちに吸引措置などを行って窒息死を避ける行動を取っていれば、Aさんの命は助かったかもしれません。したがって、ヘルパーの行動には過失が認められますから、ヘルパーの責任を否定することはできないだろうと思います。

Q40

障害者ショートステイ中の死亡事故

　Ａさんは、重度の知的障害者ですが、知的障害者更生施設のショートステイを利用していました。昼食後、Ａさんはデイルームでテレビを見ていたのですが、そのままの状態でＡさんが意識不明となっているところを、職員が見つけました。すぐに救命措置を施して救急搬送してもらったのですが、Ａさんはその日のうちに亡くなってしまいました。われわれとしても、Ａさんがどうして突然意識不明となってしまったのかわからないのですが、このような場合でも施設側は責任を負うのでしょうか。

A　Ａさんがどうして意識不明の状態に陥って死亡してしまったのか（死因の特定）、施設側の過失によってそのような状態に陥ってしまったのか（被告の過失と因果関係）が問題になります。Ａさんの死因を特定できなければ、施設側に過失があったのかどうかを検討することができませんから、施設側が責任を負うことはないと思います。このような事案では、被告側の過失に基づかない突然の発作や心不全による突然死などの可能性も否定できないだろうと思います。

Q40 解説

1 東京地方裁判所—平成24年1月16日判決

　お尋ねの事案は、平成24年1月16日に東京地方裁判所で言い渡された判決が参考になるでしょう（東京地判平成21年（ワ）第3034号）。

　この事件は、被告社会福祉法人が経営する知的障害者更生施設に、平成18年1月30日からショートステイ利用契約を締結して入所していたBさんが、2月18日午後1時40分ころ、デイルームのテレビの前で意識不明となっているところを職員に発見され、その施設内にある健康推進科において自発呼吸停止、心臓停止と診断された後、午後2時18分に医療センターに救急搬送されたが、午後5時41分に死亡が確認されたというものです。

　そして、Bさんの両親が原告となり、被告社会福祉法人に対して、食材調整義務違反（安全配慮義務違反）、見守り介護義務違反（安全配慮義務違反）を理由として、合計4,000万円（死亡慰謝料2,600万円、逸失利益900万円、葬儀費用150万円、弁護士費用350万円）の損害賠償を請求しました。

　東京地裁の判決は、Bさんの死因について、「昼食後30分以上が経過して歯磨き介助を受けた後に、本件昼食において提供された食材が何らかの原因で気管に入り込んだ結果、窒息状態となって心肺停止状態となった可能性も認められる」としながらも、「食物が気管内に入り込んで呼吸が困難な状態となったのに、声を出したり、苦しむような動作をしたりすることもなく、そのまま意識を失って四肢脱力状態に陥ったというのも理解し難い」のであって、「突然の発作や心不全による突然死の可能性も否定できない」と判断しました。

　そうすると、「結局、本件においては、Bさんが死亡した原因が窒息死であるのか、窒息死であるとしてもいかなる事実経過によって窒息したも

のであるのかなど、その具体的な死因を証拠上特定することは困難であると言わざるを得ない」のであるから、被告が「食材の選択を誤り、必要な調製を怠ったもので、これによって同人がこれらの食材を誤嚥したことにより窒息死したものであるとは認められない」とされています。

また、Bさんは「本件事故当時、胎生期脳障害による知的障害、弛緩性不全対麻痺、大頭症などの障害を有しており、常時、車椅子を使用し、食事等の日常生活において必要な介助を要する状態にあったことが認められるが、常時、職員が見守らなければその生命・身体等に危険を生じるような状態にあったとは認められない」のであって、「本件昼食時から同日の午後１時40分ころまでの間に、Bさんにおいて誤嚥、嘔吐、点頭てんかん、心不全などを生じていたことや、このような状態を生ずる危険性を推測させるような兆候は何ら認められなかったものと言うべきであるから、被告法人において、Bさんとの関係で、デイルーム監督職員以外の職員をデイルームに常駐させ、あるいは職員をして常時Bさんを見守らせなかったとしてもやむを得ないもので、このような対応を採らなかった被告法人に注意義務違反があったものと認めることはできない」と判断し、Bさんの両親の請求を棄却しています。

2 東京地裁判決のポイント

重度の知的障害者であるBさんは、てんかんの既往歴があり嚥下障害もありました。事件当日、Bさんは、食事介助を受けた後、歯磨き介助を受け、担当職員によって口腔内に食べ物や唾液がないことを確認された上で、デイルームのテレビを見ていました。ところが、職員が他の利用者の歯磨き介助をしていたところ、数分後にはBさんが意識不明の四肢脱力状態になっていました。

この判決は、その時間的な経過を丁寧に認定していますが、それによれ

ば、この判決が指摘しているとおり、Bさんの死因が何だったのかはわからないとしか言いようがないと思います。**Q30**の岡山地裁平成22年10月25日判決や**Q38**の東京地裁平成18年11月17日判決と同様、死因がなかなか特定できない事案ですが、それらの判決がそれ自体危険性の高い浴室での死亡事故であったのに対し、この事故はそれ自体危険性のないデイルームでの死亡事故です。そうすると、被告の施設管理義務の問題にはなりませんし、また、突然の発作や心不全による突然死などの可能性も否定できないだろうと思います。

そうだとすると、Bさんの死因が特定できないことには、被告の注意義務違反があったのかどうかも特定できませんし、被告の安全配慮義務違反によってBさんが死亡したとは言えません。また、事件発生後の被告の対応が不十分だったとも言えないのですから、この訴訟の結論は、原告らの請求棄却という結論でやむを得なかったのではないかと思います。

本問でも、Aさんがどうして意識不明の状態に陥って死亡してしまったのか（死因の特定）、施設側の過失によってそのような状態に陥ってしまったのか（被告の過失と因果関係）が問題になります。Aさんの死因を特定できなければ、施設側に過失があったのかどうかを検討することができませんから、施設側が責任を負うことはないと思います。このような事案では、被告側の過失に基づかない突然の発作や心不全による突然死などの可能性も否定できないだろうと思います。

障害者施設での行方不明事故①

　Aさんは、重度の知的障害者ですが、知的障害者更生施設に入所しています。この施設では、施設長に引率されて作業所に赴き、鶏や合鴨の世話をする作業を行っています。この作業所は、更生施設から4キロ離れた山の山頂付近にあり、近隣には人家もなく、作業所の周囲には塀や柵などはなく、周りは急な下り斜面となっている非常に危険な場所に建っています。ある日、Aさんが施設長に引率されてこの作業所に赴いたところ、突然行方不明となってしまいましたが、施設長や他の職員はAさんがいなくなったのに気づかず、気づいてからもただちに捜索しなかったため、いまだにAさんの行方がわかっていません。このような場合、施設側は責任を負うのでしょうか。

A 　Aさんが危険な場所に引率されて作業を行うのであれば、引率した施設長は、Aさんが危険な状態に陥らないように安全に配慮する注意義務を負っていますから、取りたてて何の配慮もしていなかったのであれば、それ自体過失があったと評価できますし、また、Aさんが行方不明になった後もすぐにAさんを捜索しなかったことにも過失があると評価できますから、施設側としては責任を免れることはありません。

Q41 解説

1 鹿児島地方裁判所——平成18年9月19日判決

　お尋ねの事案は、平成18年9月19日に鹿児島地方裁判所で言い渡された判決が参考になるでしょう（鹿児島地判平成18年9月19日判タ1269号152頁）。

　この事件は、被告の社会福祉法人が経営する知的障害者更生施設に、平成13年5月1日から入所していたBさんが、同年8月3日午前中、引率されて赴いた作業所で行方不明となり、その後、まったく生死不明の状態になっているとして、Bさんの両親が債務不履行（安全配慮義務違反）または不法行為に基づき、合計3,300万円余の損害賠償と遅延損害金の支払いを求めた事案です。Bさんは行方不明になったまま、生死不明な状態が続いており、Bさんの両親が訴訟を提起したのも平成16年7月16日と、この事故後3年以上経った時点です。

　Bさんは、最重度の知的障害があるものと判定されており、この行方不明事故当時19歳でした。Bさんが赴いた作業所は、更生施設から4キロ離れた山の山頂付近にあり、近隣には人家もなく、作業所の周囲には塀や柵などはなく、周りは急な下り斜面となっていました。Bさんが行っていた作業は、鶏と合鴨の世話のようです。

　鹿児島地裁は、一般論として、知的障害者更生施設につき、「施設の性質上、○○園の施設長以下指導を行う職員は、入所者の指導及び訓練に際し、入所者の知的障害の程度に応じてその身に生じうる危険を予見して、これを回避するための適切な措置をとるべき注意義務を負う」としました。

　そして、本件行方不明事故については、「作業所は知的障害者に作業をさせるにはそもそも危険性の高い場所であり、しかも、Bさんは IQ20以下、社会生活年齢もせいぜい3、4歳程度の最重度知的障害者であったのであ

るから、Bさんを作業所に引率してきたB園の施設長としては、Bさんが少なくとも自己の管理下から離れることがないようその動静を絶えず把握すべき注意義務を負っていたというべきである。にもかかわらず漫然とBさんの動静から目を離す行為は、それ自体、上記注意義務に違反するものといわなければならない」として、施設長の過失を認めています。

さらに、「本件のように知的障害者更生施設での保護、訓練中に入所者が行方不明となった場合には、その施設長であるとともに当該入所者を指導、引率していた者としては、速やかにその行方を捜索すべき適切な措置をとるべき義務を負う」にもかかわらず、「指導員がBさんの行方不明に気付いて捜索に着手したのが午後零時20分ころであり、最重度知的障害者であるAさんが山林地区で所在が知れなくなってから既に40分ないし50分が経過した時点のことであって、この点、施設長の事後対応には過失があったといわざるを得ない」とも判断しています。

その上で、「Bさんの行方は杳として知れず、生死すら不明の状態が続いており、原告らは長期間にわたって多大な精神的苦痛を強いられ続けていることが認められる。原告らの受けた精神的苦痛は、Bさんの生命を害された場合と比肩するほどのものであると認められる」として、Bさんの両親それぞれの慰謝料は700万円が相当であり、これに弁護士費用等の損害を含めて、合計約1,600万円の損害賠償請求を認めています。

2 鹿児島地裁判決のポイント

この事件は、重度の知的障害者が引率先の作業所での作業中に行方不明となってしまい、その後の捜索にもかかわらず生死不明の状態が続いているという非常に痛ましい事件です。引率した更生施設の施設長には安全配慮義務があるのですから、Bさんを見失ってしまわないように注意しておかなければなりませんし、もし見失った場合にはBさんが怪我をした

りしないようにただちに捜索する義務も負っているはずです。

　したがって、この判決では、施設長には引率して作業を行わせる上での安全配慮義務違反の過失があることと、施設長がBさんが行方不明になったときにただちに捜索しなかった事後対応の過失もあることを認定しています。これらの判断は、きわめて妥当なものであって、あまり法的に議論する余地はないだろうと思います。また、鹿児島地裁の判決は、Bさんの死亡が確認されていないにもかかわらず、Bさんが死亡したときに相当する慰謝料を認定していますが、たとえBさんの生死が不明であるとしても、両親はBさんが死亡したのに匹敵する精神的苦痛を被っていると思われますから、高額の慰謝料を認定したことも理由があると思います。したがって、判決が認定している事実のとおりだとすれば、きわめて妥当な判断だろうと思います。

　本問でも、Aさんが危険な場所に引率されて作業を行うのであれば、引率した施設長は、Aさんが危険な状態に陥らないように安全に配慮する注意義務を負っていますから、取りたてて何の配慮もしていなかったのであれば、それ自体過失があったと評価できますし、また、Aさんが行方不明になった後もすぐにAさんを捜索しなかったことにも過失があると評価できますから、施設側としては責任を免れることはありません。

障害者施設での行方不明事故②

　Aさんは、自閉症の診断を受けて特別支援学校に在籍しています。特別支援学校の現場実習でAさんは知的障害者更生施設で作業を行うことになりましたが、Aさんには衝動的に乗り物に乗ってしまったりする行動特性があります。この実習中、Aさんは昼食後に職員が気づいていないときに無断で外出してしまい、電車にはねられて死亡してしまいました。このような事故において、実習先である施設側では法的責任を負わなければならないのでしょうか。

A 　Aさんに衝動的に乗り物に乗ってしまったりする行動特性があることを被告施設側が認識していたのであれば、確かに職員数が不十分であったとはいえ、Aさんの動静に注意して、Aさんが衝動的に出て行ったりしないよう十分に見守っているべきです。そうしないと、Aさんが無断外出して電車や自動車などによる交通事故に遭ってしまうことは十分に予想できるのですから、施設側としては責任を免れることはできないと思います。

Q42 解説

1 福島地方裁判所郡山支部—平成22年11月16日判決

　お尋ねの事案は、平成22年11月16日に福島地方裁判所郡山支部で言い渡された判決が参考になるでしょう（福島地郡山支部平成20年（ワ）第600号）。
　この事件は、小児自閉症の診断を受けていたBさんが特別支援学校の高等部3年生に在籍していましたが、特別支援学校の現場実習カリキュラムに基づいて知的障害者更生施設に入所して作業している際、平成19年11月29日午後0時35分ころ、Bさんが同施設を無断外出してしまい、同日午後1時28分ころ電車にはねられて死亡してしまったというものです。
　Bさんは、もともと駅や電車に興味があり、特別支援学校への登下校の際にも、いつも利用している乗り物以外のバス、電車、タクシーなどに衝動的に乗ってしまうことがあり、現場実習に参加するときも、この点には十分注意するよう認識が共有されていたようです。しかし、Aさんは実習4日目の昼食後、施設を無断で出て行き、施設職員もすぐに気づいて捜索しましたが、約2キロほど東南方面の東北本線下り線軌道内で電車にはねられてしまいました。
　Bさんの母親は、知的障害者更生施設を設置運営している社会福祉法人に対して、実習生受入態勢の不備、職員の監視・監督義務違反、捜索態様の不手際および危機管理体制の不備などの過失があるとして、不法行為に基づき、1,073万円余（慰謝料800万円、葬儀費用175万円余、弁護士費用97万円余）を請求しました。なお、Bさんの母親は、特別支援学校を設置している県に対しても訴訟を提起していますが、その点は省略します。
　福島地裁郡山支部は、被告施設の受入態勢の不備、捜索態様の不手際、危機管理体制の不備などについては、過失があったとはいえないとしまし

た。しかし、被告施設の監督義務については、「Ｂの行動特性上、興味関心の高いものがあると、周囲の人に告げずに行ってしまう傾向があり、このことは、被告施設が受領していた本件実習個人カードにも記載されていた」、「また、本件作業所においても、職員がＢのために、『やくそくごと 一人で外に出ません。』というカードを作成し、Ｂの席の側に貼っていたことが認められる。したがって、被告施設の職員は、このようなＢの行動特性を踏まえ、およそＢが無断外出することを予見することができなかったということはできず、少なくとも、Ｂが一人で本件作業所から出て行ってしまうことのないようにその動静を監視・監督する注意義務があったものというべきである」としました。

しかるに被告施設では、Ｂの動静に注意を払っておらず、Ｂの所在を確認しようとした形跡がないのであるから、注意義務違反があったとし、この注意義務違反がなければ、「Ｂが外出した際に、これを制止し、本件事故の発生を防止することができたものと考えられるから、同注意義務違反と本件事故の発生との間には因果関係が認められる」として、施設側の責任を認めました。そして、結論としては、災害共済給付契約に基づく見舞金を損益相殺した残金295万円余に弁護士費用30万円を加えた合計325万円余を損害としてみとめました。

2 福島地裁郡山支部判決のポイント

この事件は、自閉症の診断を受けているＢさんが特別支援学校の実習中に知的障害者更生施設を無断外出して電車にはねられて死亡したというものです。Ｂさんが乗り物などに興味があり、衝動的に乗り物に乗ってしまうという行動特性があることは、特別支援学校および知的障害者更生施設に認識が共有化されており、そのような認識に基づき配慮はなされていたようですから、このような行方不明に基づき交通事故が発生してしま

う危険性も十分に予想できたと思われます。

　そうすると、交通事故などの結果を避ける努力を尽くしたかどうかが問題となりますが、被告施設では、職員がBさんのために、「やくそくごと一人で外に出ません。」というカードを作成し、Bさんの席の側に貼ったりしていたようですが、被告施設では職員数も少ない状態でBさんの見守り体制は十分ではなかったと思われます。被告施設の職員は、Bの動静に注意を払っておらずBの所在を確認しようとした形跡がないと非難されても仕方ないような状態にあったようです。そうだとすれば、被告施設の職員にBさんの見守りに関する注意義務違反があったといえるでしょうし、この注意義務違反がなければ、Bさんが外出した際に、これを制止し、本件事故の発生を防止することができたものと考えられると指摘されている点も否定できないのではないかと思います。したがって、判決が認定している事実のとおりだとすれば、福島地裁郡山支部の判決は、妥当な内容だろうと思います。

　本問でも、Aさんに衝動的に乗り物に乗ってしまったりする行動特性があることを被告施設側が認識していたのであれば、確かに職員数が不十分であったとはいえ、Aさんの動静に注意して、Aさんが衝動的に出て行ったりしないよう十分に見守っているべきです。そうしないと、Aさんが無断外出して電車や自動車などによる交通事故に遭ってしまうことは十分に予想できるのですから、施設側としては責任を免れることはできないと思います。

　しかし、Aさんのような行動特性を有している人を実習で多数受け入れるとなると、現状の人員基準、設備基準などによる限り、完全な見守り体制を構築するのは非常に困難になります。法的な責任論を突き進めていくと、特別支援学校に通っている人が受入施設を確保できなくなってしまうおそれもありますし、受入施設が確保できたとしても開放処遇ではなく閉鎖処遇でしか受け入れられないという事態に発展してしまうおそれもあ

ります。そうなってしまっては本末転倒にもなりかねません。

　そうだとすれば、たとえ困難な状況にあるとしても、社会福祉法人は、英知を集めてこのような事故に対しても、予防できるような取組みを重ねていくべきです。現在、民間事業者と社会福祉法人のイコールフッティングがさかんに政治的に主張されていますが、社会福祉法人はこのような困難な事態にも真正面から適切に対応するための制度として存在しているのではないかと思います。そうだとすれば、企業の論理に基づく経済的な効率性を優先するのではなく、障害者の自立を促進するようなことが可能な体制を整えさせるような施策が行われなければ、憲法25条が福祉制度を保障している意味がないのではないでしょうか。

Q43 保育所での転倒事故

　私が勤務している保育園では、保育時間中に鬼ごっこをしています。4歳児クラスを担当している保育士が鬼ごっこをさせているとき、A君が追っかけられて玄関に追い詰められ、入ってはいけないとされている玄関内に逃げ込んだところ、鬼になっている幼児もA君を追いかけて玄関内に入り込んでA君の背中を押してしまいました。そのためA君は、そのまま倒れて、玄関のタイルレンガ製ポーチの縁止め部分の角に額を打ちつけてしまい、十数針も縫う怪我を負ってしまいました。このような事故は避けられないように思うのですが、A君の親が損害賠償を請求してくれば、園が責任を負わなければならないのでしょうか。

A 鬼ごっこをして幼児たちが転倒してしまうことは予想できるのですから、幼児たちが転倒して重大な怪我を負ってしまわないように園としては安全に配慮しなければなりません。そうすると、玄関の設備が幼児たちが転倒したら危険な状態であるにもかかわらず、そのまま漫然と鬼ごっこをさせたというのでは、園側の損害賠償責任を否定することはできません。幼児たちが言うことを聞かなかったとして過失相殺などを主張することもできません。

Q43 解説

1 東京地方裁判所八王子支部—平成10年12月7日判決

　お尋ねの事案は、平成10年12月7日に東京地方裁判所八王子支部で言い渡された判決が参考になるでしょう（東京地八王子支部判平成10年12月7日判例地方自治188号73頁）。

　この事故は、昭和60年12月6日、4歳児クラスに所属していたB君が、午前10時ころからの保育時間中の鬼ごっこの際、鬼役の園児に追い詰められて玄関に逃げ込みましたが、背中を押されて足がもつれて転倒してしまい、玄関前のタイルレンガ製のポーチの縁止め部分の角に前額部を衝突させ、約3センチ（十数針の縫合手術）の裂傷を負ったというものです。保育園のルールでは、鬼ごっこの際、園舎の玄関内には入らない、園舎の裏側（北側）には行かないなどのルールが設定されていましたが、鬼ごっこに夢中になった4歳児にはルールどおりに行動しなさいというのは無理でしょう。この事故によって、B君の母親が原告となり、保育園を経営している市に対して、合計1,921万円余（後遺症による逸失利益1,385万円余、後遺症慰謝料270万円、通院慰謝料66万円、弁護士費用200万円）の損害賠償を請求したものです。

　東京地裁八王子支部の判決では、保育所の入所について、市町村の入所措置という行政処分に基づくものであるとはいえ、保育所と園児の親との関係は、幼児保育委託契約またはこれに準じる法律関係と解することができるとし、その法律関係の付随義務として、児童の生命、身体および健康等を危険から保護するよう配慮すべき義務を負っているものとしました。

　幼児が保育園内を動き回って転倒して怪我をしたりすることは十分に予想できます。この点について東京地裁八王子支部の判決は、「**本件ポーチは、**

園庭と接していて、園児が園舎への出入りに際して使用するほか、園庭で遊ぶ際にもその前を通ることが予想された上、園庭からの高さが約15センチメートルあり、しかも縁止部分には角が直角で丸みのない、通常のレンガより更に硬い焼過赤レンガが用いられていたのであるから、園児が転ぶなどして縁止部分にぶつかった場合には、負傷するおそれがあり、ぶつかり方によっては重大な負傷事故が発生する可能性もあったものというべきである。また、保育園の児童は、いまだ危険状態に対する判断能力や適応能力が十分ではないため、保育園の保母から一定の注意を受けていたとしても、そのような指導に従わなかったり、あるいは遊びに夢中になるうちにそのような注意を失念したり、危険性の認識を欠くなどして、危険な場所に不用意に近づく児童もいないとは限らないのであって、保育所の設置に当たっては、このような園児の行動様式も考慮して、安全な構造、設備を選択すべきである。園児が園庭や玄関前のポーチで転び、その結果園庭、玄関前のポーチ、その縁止部分等に体の一部をぶつけることは必ずしも珍しいことではなく、むしろ当然予想されることであるから、これらの構造、設備はそのような場合でも些少の打撲傷等は格別、重大な負傷を生じないような形状、材質でなければならず、もしこの要件を欠く構造、設備を設置した場合は、その構造、設備は園児の危害防止に十分な考慮を払って設けられたものとはいえないというべきである」と判断しました。

　そうすると、問題は事故回避のために安全配慮の保護措置が十分に果たされていたかにかかってきます。この点について東京地裁八王子支部の判決は、「園児が転倒するなどした場合に備えて段差の材質や角の保護措置について十分な配慮がなされるべきであり、そのような配慮がなされていない場合には、安全配慮義務に違反しているというべきである」と判断しました。そして、1,921万円余の損害賠償請求に対し、457万円余（後遺症による逸失利益273万円余、後遺症慰謝料90万円、通院慰謝料53万円、弁護士費用41万円）について認めています。

これらの判決の判断内容は、きわめて妥当なものと評価できるでしょう。いくら幼児に注意したとしても、遊びに夢中になってしまうと、すべて忘れてしまうのが幼児の特性でしょうから、保育園側で幼児が怪我をしないように最大限の配慮をしておくべきです。むしろ幼児は、入るなと言われれば入ってしまうものかもしれないことを前提に、設備状況と管理体制とをきちんとしておく必要があります。

2 東京地裁八王子支部判決のポイント

　本問でも、鬼ごっこをして幼児たちが転倒することは予想できるのですから、幼児たち転倒して重大な怪我を負ってしまわないように安全に配慮すべきです。そうすると、設備が危険な状態であるにもかかわらず、そのまま漫然と鬼ごっこをさせたというのでは、園側の責任を否定することはできません。幼児たちが言うことを聞かなかったとして過失相殺などを主張することもできません。

　「過失相殺」とは、損害の公平な分担という視点から、一定割合については被害者側が負うべきものとして、損害賠償の一定割合を減額するものです。しかし、判断能力がない被害者は事故を自分で避けることができないのですから、公平というだけで損害額を減額するのは不当です。判例も、被害者に事理弁識能力がなければ過失相殺することは許されないとしています（最判昭和39年６月24日民集18巻５号854頁）。一般に事理弁識能力が備わるのは７歳前後とされていますから（この点についてはQ1を参照）、４歳児の事故では過失相殺は主張できません。

　もっとも、このような事故を予防するについても、高齢者や障害者の場合と同様、「危険性があるのだから、走るような遊びはやめさせて、室内で可能な遊びに限定する」という縮小の仕方をするのは本末転倒です。転倒をおそれて転倒しないようなことをやらせるのは、幼児の人格を尊重し

ていません。幼児も転倒しながら自己の身体感覚を磨いていくのですから、転倒して重大な怪我を負ってしまうことを予防するのが重要なのであって、事故を起こさないようにすることが重要なのではないと考えておくべきです。

保育所での死亡事故

　ある夫婦が０歳児のＡちゃんについて、午後７時から翌朝の午前７時までの保育を24時間体制の無認可保育所に委託していたところ、担当職員が午前４時ころにＡちゃんに添い寝して仮眠を取った段階ではＡちゃんには何の異常も見られなかったのですが、午前６時ころに突然体調を崩したため、急いでＡちゃんを救急搬送したのですが、そのまま両親の到着を待たずにＡちゃんは亡くなってしまいました。両親としても残念なことだろうとは思いますが、原因不明としか言いようがないように思います。このような事故であっても、保育園は責任を問われてしまうのでしょうか。

A 　本当にＡちゃんの死亡した原因が不明だとすれば、Ａちゃんの死因が突然死症候群に該当する可能性がありますから、Ａちゃんの異常を発見した段階で対応措置が不十分でなかったとすると、保育園の法的責任を問うことはできないだろうと思います。

Q44 解説

1 京都地方裁判所—平成6年9月22日判決

　お尋ねの事案は、平成6年9月22日に京都地方裁判所で言い渡された判決が参考になるでしょう（京都地判平成6年9月22日判時1537号149頁）。

　この判決の事案では、平成3年9月生まれの女児Bちゃんが、被告が経営している24時間体制の無認可保育所に平成3年12月ころから午後7時から午前7時まで入園していたところ、平成4年1月9日午前6時ころ、Bちゃんが急に体調を崩したため、救急搬送されましたが、そのままBちゃんの両親が病院に駆けつけたときにはすでに亡くなっていたというものです。

　Bちゃんの両親は、Bちゃんがかぜ気味で薬を飲んでいる状態であり、就寝後早期にミルクを誤嚥して窒息死したものと主張し、Bちゃんの死亡は被告の被保育乳幼児に対する体調監視義務ないし安全配慮義務違反によるものであるとして、債務不履行ないし不法行為にもとづき、右女児の損害及び慰謝料等500万円を損害賠償として請求しました。

　これに対して京都地方裁判所の判決は、Bちゃんの死因につき、「Bちゃんが就寝中咳をしたことなどが原因でミルクを戻しこれを気管内に吸入して窒息した可能性が高いかの如くである」としながらも、

① 　Bちゃんがそれまでミルクを詰まらせたことはなかったこと
② 　午前4時ころはBちゃんに異常はなかったこと
③ 　Bちゃんの異常発見時にミルクを吐いた痕跡はなかったこと
④ 　搬送時および解剖時の所見にミルクも溢血点発生も発見されていないし、死因となるべき病変もなかったこと
⑤ 　死体検案書を作成した医師が乳幼児突然死症候群の疑いと判断して

いること

などから、「ミルク誤嚥により窒息死した可能性を全く否定することはできないものの、これを認めるにはなお証拠が足りないというべきである」と判断しました。

そして、「本件当時の被告の保育体制が原告らとの関係で安全配慮義務を尽くしたものと言い難いとしてもこれと女児の死亡との間に因果関係を認めることができない。さらに、前述したところからは、被告の管理体制の不十分さが原告らによりよい保育・監視体制を求める期待などの権利等を侵害したとまで認めることもできない」として、被告の責任を否定し、Ｂちゃんの両親の請求を棄却しました。

2 京都地裁判決のポイント

　この事件は、24時間体制の無認可保育所で起きた乳幼児の死亡事故です。Ｂちゃんの両親は、Ｂちゃんがミルクを誤嚥して窒息したものと主張しましたが、裁判所の判断では、その可能性も否定できないものの、突然死症候群であった可能性も否定できないとして、結論としては、Ｂちゃんの両親の請求を否定しました。

　つまり、Ｂちゃんがミルクの誤嚥によって死亡したのであれば、被告保育所の管理体制が不十分であったために死亡に至ることを予防できなかったものとして、損害賠償請求が可能となるのですが、そうではなくＢちゃんの死因が突然死症候群であったとすれば、Ｂちゃんの異常を発見した段階で対応措置が不十分でなければ、法的責任は負わないこととなると思います。この裁判では、いずれとも立証されたとはいえないため、Ｂちゃんの両親の請求を認めることはできないとしたものです。

　本問でも、本当にＡちゃんの死亡した原因が不明だとすれば、Ａちゃんの死因が突然死症候群に該当する可能性がありますから、Ａちゃんの

異常を発見した段階で対応措置が不十分でなかったとすると、保育園の法的責任を問うことはできないだろうと思います。

乳児院での死亡事故

　Aちゃんは、生後4か月の幼児ですが、子育て支援事業によって市が直営している乳児院のデイサービスを利用しました。Aちゃんは、デイサービス当日の朝、熱があったようですが、乳児院では引き受けて担当保母が世話をしていたところ、あおむけ寝にするとなかなか泣きやまないことから、うつぶせ寝にして眠らせていました。ところが、気がつくと、Aちゃんは顔を真下に向けてチアノーゼが出て異常な状態になっていたため、救急搬送されて蘇生措置を施されましたが、亡くなってしまいました。突然死症候群かもしれないと言われていますが、うつぶせ寝による窒息死なのではないかと思います。このような場合、市は責任を負うのでしょうか。

　確かに突然死症候群なのか窒息死なのかについて明確に判定するような証拠が存在するわけではないかもしれません。しかし、Aちゃんの具体的な状況からどちらの可能性が高かったのかで判断しなければならないと思います。もし窒息死だと考えられるような状況にあったのだとすれば、Aちゃんのうつぶせ寝の状態に対する担当保母の観察行動が十分であったとはいえないでしょうから、市が責任を否定することはできないと思われます。

Q45 解説

1 神戸地方裁判所——平成12年3月9日判決

　お尋ねの事案は、神戸地方裁判所で平成12年3月9日に言い渡された判決が参考になるでしょう。乳児院の経営主体を市の直営と変更したほかは、ほぼ同様なものです（神戸地判平成12年3月9日判時1729号52頁）。

　平成6年12月10日に出生した女児Bちゃんにつき、平成7年4月19日付神戸市在宅乳幼児保護決定通知により、Bちゃんの父親と神戸市との間で、乳児院の午前10時から午後6時までのデイサービス利用が決定されました。Bちゃんは、4月19日からさっそくデイサービスを利用することになるのですが、当日の朝Bちゃんには37.7度の熱がありましたが、担当保健婦が再度検温したところ37.4度であったため、乳児院で預かることになったようです。

　Bちゃんは乳児院のほふく室で過ごしていましたが、午前10時40分ころ担当保母がBちゃんをベッドにあおむけにして寝かせたところ、泣きやまないのでうつぶせにして寝かせました。午前11時5分ころから55分ころまではBちゃんに特に異常はなかったようですが、午後0時ころに担当保母がBちゃんの様子を見たところ、Bちゃんが顔を真下に向けており、顔全体が紫色に鬱血している異常な状態となっていたため、Bちゃんを医務室に連れて行き、救急車が来るまでの間、保健婦が自動蘇生装置を使用して人工蘇生と心臓マッサージを同時に行いました。午後0時30分には救急搬送された病院で医師から蘇生措置を施されましたが、すでに手遅れの状態になっており、午後0時55分にBちゃんの死亡が確認されました。監察医の剖検によれば、Bちゃんの死亡原因となるような病変は認められていません。

Bちゃんの両親は、子育て支援（緊急・リフレッシュ）事業を実施している神戸市に対し、合計4,127万円余（Bちゃんの逸失利益2,027万円余、慰謝料1,850万円、葬祭費100万円、弁護士費用150万円）の損害賠償を請求しました。なお、Bちゃんの両親は、当該事業の委託を受けて乳児院を経営している社会福祉法人に対しても訴えを提起しましたが、神戸地裁の判決は、社会福祉法人は神戸市の履行補助者であって、社会福祉法人との間で保護委託契約が成立したと認めることはできないとして、社会福祉法人に対する請求を否定しています。

　神戸地裁の判決は、Bちゃんの死因について、剖検の所見によれば、外因死（窒息死）であるか内因死（突然死症候群）であるかは、甲乙付け難いとは到底いえず、外因死の可能性のほうが格段に高い状況にあったといわなければならないとして、Bちゃんの死亡原因としては、「特段の証拠のない限り、鼻孔圧迫による窒息死、すなわち外因死であると認めなければならない」と判断しました。

　そして、他人の乳児を預かり保育する保母には、「乳児をうつぶせ寝によって睡眠させた場合には、仰向けに寝かしつけた場合と比較して窒息の危険があること、硬いベッドにうつぶせ寝させても、タオルを枕代わりに使用していた場合には窒息の危険があること、したがって、睡眠時の状態の十分な観察が必要であること、生後4か月程度の乳児の呼吸を確かめるには少なくとも1.5メートル以内の場所でふとんの上下動を数秒かけて見守らなければならないことを認識すべきあり、かつ、うつぶせ寝で睡眠させた乳児について右のような十分な観察を行う注意義務を負っていたものといわなければならない」とし、担当保母の過失を認定しました。その結果、4,127万円余の損害賠償請求に対し、3,916万円余について認めました。

2 神戸地裁判決のポイント

　神戸地裁の判決では、**Q44**の保育所での死亡事故の場合と同様に突然死症候群であったとする可能性も否定してはいませんが、監察医による剖検の所見では、窒息死なのか突然死症候群なのかを決定するものではないとしつつも、「一方で、外因なしに自発呼吸を停止したうえ長時間これを回復しないという病態が発生することがあるのかという点、発生するとしてどの程度の頻度でそのような病態が発現するのかという点、そのような病態が発現する起序に関して合理的な医学的説明を加えることができるのかという点が今一つ明らかではない」が、「他方で、午後０時ころの異常発見時におけるＢちゃんの体勢が、顔面を真下に向けて顔を木綿タオル製の枕に押しつけるという異常なものであり、顔面鬱血の状態からみて呼気障害の可能性が最も高いというのであって、本件においては、Ｂちゃんの死亡について、内因死の可能性と外因死の可能性が甲乙付け難いとは到底いえず、外因死の可能性の方が格段に高い状況にあったといわなければならない」と判断して、突然死症候群ではなく、うつぶせ寝による窒息死と判断しています。

　Ｂちゃんのような乳幼児の死亡事故については、窒息死なのか突然死症候群なのかを明確に判定するような証拠が存在するわけではないかもしれません。しかしながら、容易に窒息してしまう危険性が高い状態にある乳幼児については、担当保母は最善の注意義務をもって乳幼児を見守るべきでしょう。そういう意味では、神戸地裁の判決が非常に具体的で詳細な観察義務を認定したことも認められるのではないかと思われます。

　本問でも、Ａちゃんのうつぶせ寝の状態に対する担当保母の観察行動が十分であったとはいえないでしょうから、市が責任を否定することはできないように思われます。

第6章

介護事故に対する傾向と対策

予見可能性がないとされた裁判例

　最近の裁判例によれば、事前に情報が得られていなかったり、事前に兆候がなかったりした場合には、事業者に予見可能性がなかったとして法的責任を否定することが多いようです。利用者を受け入れるにあたって、事前に情報が得られなかったり、事前に危ういと思わせるような兆候がなかったりした場合には、事業者は責任を負わないと考えても大丈夫なのでしょうか。

A　一般論としては、生命の危険に直面していないような場合には、情報や兆候がなかったときには、介護事故という結果の予見可能性がなかったとして、事業者の責任を否定していいのではないかと思います。しかし、生命の危険に直面しているような場合には、たとえ情報や兆候がなかったとしても、事業者は生命価値の重大性から、介護事故という結果を予見すべき義務を負って行動すべきではないかと思います。そうだとすると、生命の危険に直面しているような場合には、事業者は責任を免れないということになると思います。

Q46 解説

1 はじめに

　Q21からQ45まで、比較的最近の介護事故に関する裁判の事例を取り上げて考えてきました。Q5で述べたように、介護事故によって福祉サービスの提供主体である法人が法的責任を負うかどうかは、履行補助者である担当職員に過失があったかどうかによって決まります。そして、担当職員に過失があったかどうかについては、予見可能性があることを前提として、結果回避義務を尽したかどうかによって判断されます。つまり、担当職員にとって当該介護事故を予見することが可能で、介護事故という悪い結果を避ける努力を尽したかどうかが問われることになります。

　介護事故の場合、利用者の心身機能が低下しているからこそ介護が必要なのですから、介護事故が生じてしまう可能性が非常に高い状態からスタートしているということができます。そうすると、福祉サービスを提供する以上、最初から介護事故が発生する蓋然性は高いことになります。そして、利用者にも自己負担費用はありますが、税金や社会保険料をもって福祉サービスの提供体制を整えている以上、福祉サービスは高い公共性も有しているのですから、介護事故を避ける努力を要請する社会的期待も高いということになるでしょう。

　したがって、介護事故に関する裁判でも、事業者の責任はきびしくチェックされることとなり、事業者側が裁判に勝訴する割合はあまり高くはないことになるでしょう。しかし、Q21からQ45まで見てきたように、利用者側が敗訴して事業者側が勝訴する裁判も多くはありませんが、相当数存在しています。そうだとすれば、介護事故に対して事業者がどのように対処していくべきかを考えるにあたっては、介護事故の裁判において、事業者

側が勝訴した裁判例を参考にしていくことが有効になるでしょう。そのような意味で、本問では、介護事故という結果の予見可能性がないとして事業者側の責任を否定した裁判例を参考に考えてみることとします。

2 事業者に予見可能性がなかったとして責任を否定した裁判例

　事業者に予見可能性がなかったとして責任を否定した裁判例としては、Q21とQ23があります。いずれも高齢者施設での転倒事故に関するものです。Q21では、福岡高裁は、「Bさんは、介護者との意思疎通は可能であり、前日までの食事の際には、介護職員の指示に従わないで居室を離れたことはなく、本件事故当日の朝食の際にも、担当職員の指示に従わないような様子は窺えなかったのであるから、Bさんが上記指示に従わずに居室を離れ、本件事故が発生する具体的なおそれがあったということはできないのであって、担当職員を含め老人ホームの職員が本件事故の発生を予見することが可能であったということはできない」と判示しました。

　Q23では、東京地裁は、
① 　申込みのアンケートで、日常生活動作には「一部介助」が必要であるが、移動は「時間を要するが自立」とされていたこと
② 　家族が契約を締結する際に、歩行が不安定であり、転倒の危険がある旨を伝えていないこと
③ 　病院からも、歩行が不安定であり転倒の危険がある旨の情報は伝えられていないこと
④ 　本件施設に入居してから本件転倒事故が起こるまでの間、本件施設内で転倒したことはないこと

という四つの理由を挙げ、「本件全証拠によっても、被告において、Bさんの歩行が不安定であり、Bさんが転倒することを予見させるような事情が存在していたと認めることはできない」と判断しました。

また、高齢者施設での誤嚥事故に関する**Q34**の大阪高裁判決の第一審である神戸地裁の判決でも、
① 　症状が軽快したため病院を退院したこと
② 　自立して食事をすることができ、ホーム入居後も食事中に誤嚥のおそれをうかがわせる具体的症状が見られなかったこと
③ 　主治医から特別な食事を提供すべきなどの注意を受けていた事実は認められないこと
④ 　ホーム入居申込書の食事等の希望・要望には何らの記載もないこと
⑤ 　家族との面談においても、もっぱらうつ病の症状への対処が問題とされていたこと
⑥ 　既往歴にある食道裂孔師ヘルニアによる嘔吐は食後嘔吐であって食事中の誤嚥との直接的な関連性はきわめて低いこと
という六つの理由を挙げて、有料老人ホーム側が誤嚥事故を予見することは困難であったと判断しました。
　これらの裁判例を見る限り、事故につながるような情報が事前に得られておらず、本人にもそのような兆候がなかった状態で事故が発生したときは、予見可能性がなかったという結論を導いていると思われます。確かに利用者本人に介護が必要な状態にあるからといって、すべての介護事故の可能性を予見しろというのは不可能ですし、また、そのような予見義務を過度に課してしまうと、無用な身体拘束などを惹起させてしまうおそれもあります。したがって、情報も兆候もない状態で事故が発生した場合には、予見可能性がなかったと評価していいと思います。

3 予見可能性があったとまではいえないが責任を肯定した裁判例

　もっとも、高齢者施設での入浴事故に関する**Q30**、高齢者施設での誤嚥事故に関する**Q34**の裁判では、必ずしも予見可能性があったとまではいえ

ないような状態にある場合であっても、事業者の責任を肯定しています。

Q30では、岡山地裁は、利用者の生命・身体に危険が及ぶ可能性につき、「この危険性は、抽象的にとらえるべきではないけれど、浴室は、認知症に陥っている入居者が勝手に利用すれば、濡れた床面で転倒し骨折することもあるし、急激な温度の変化により血圧が急変したりして心臓に大きな負担がかかるのみならず、湯の温度調整を誤ればやけどの危険性もあり、さらには利用者が浴槽内で眠ってしまうことにより溺死するなどの事故が発生するおそれも認められるのであるから、具体的な危険性を有する設備に該当するというべきである」と判断しました。

Q34では、予見可能性はなかったとした神戸地裁の判断を覆して、大阪高裁は、病院の紹介状や主治医の伝達内容から、誤嚥が危惧されることを感得すべきであって、協力医療機関と連携を図り、少なくとも医療機関の初回の診察・指示があるまでの間は、Bさんの誤嚥防止に意を尽すべき注意義務があったと解するのが相当である、と判断しました。

4 上記の裁判例をどのように捉えるべきか

上記2で述べたように、情報や兆候がなかった場合には予見可能性がなかったとする裁判例がある一方、他方で、3で述べたように、そのような場合であっても予見すべきであったとする裁判例があります。これらを総合的に捉えるにはどのような視点が必要なのでしょうか。

2の裁判例と3の裁判例とには、整合性がないと割り切ってしまうのも一つの方法かもしれません。しかし、筆者としては、共通して考えるべき基礎があるのではないかと思います。3で述べた事業者の責任を肯定する裁判例は、入浴による死亡事故、誤嚥による死亡事故であるのに対し、2で述べた事業者の責任を否定する裁判例は、転倒による骨折事故だという違いがあります。入浴中や食事中は、移動中と違い、一般的に死に対する

危険性が高いといえるでしょう。しかも人は加齢による心臓麻痺や嚥下能力の低下の危険性が必然的に生じてきます。もしそうだとすれば、入浴中や食事中は、事前の情報や兆候がなかったとしても、事業者は生命の危険に常に配慮しておくべきであるし、その注意を怠ってはいけないと考えることができます。

　そうすると、生命に対する危険性という結果の重大性が存在している場合には、事業者に重い注意義務が課されていることとなり、必ずしも生命に対する危険性という結果の重大性が存在していない場合には、身体拘束などの弊害を避ける意味でも、事業者に重い注意義務を課すべきではないと判断しているのではないでしょうか。つまり、結果の重大性の判断と事業者の注意義務の程度とを相関的に判断していることとなり、結果の重大性が存在する場合には事業者の注意義務の程度も重く、結果の重大性が存在しない場合には事業者の注意義務の程度も重くないと考えるのが妥当ではないかということです。

　したがって、一般論としては、生命の危険に直面していないような場合には、情報や兆候がなかったときには、介護事故という結果の予見可能性がなかったとして、事業者の責任を否定していいのではないかと思います。しかし、生命の危険に直面しているような場合には、たとえ情報や兆候がなかったとしても、事業者は生命価値の重大性から、介護事故という結果を予見すべき義務を負って行動すべきではないかと思います。そうだとすると、生命の危険に直面しているような場合には、事業者は責任を免れないということになると思います。

Q47

回避義務違反がないとされた裁判例

　高齢者施設では、身体拘束が禁止されている以上、転倒事故の予防に対してもおのずと限界があるように思います。どのような注意をしていれば、回避義務違反はなかったと判断してもらえるのでしょうか。また、誤嚥事故の予防についても、転倒事故と同じように考えていいのでしょうか。

A　正当な理由のない身体拘束が禁止されている以上、転倒事故の予防については、フットセンサー等が反応するたびに職員がかけつけて対応する以上の対応はできないだろうと思います。そうだとすれば、転倒事故の責任を生じさせないためには、フットセンサーの設置とそれに基づく職務をきちんと構築して遵守する体制づくりが重要になるだろうと思います。誤嚥事故は、利用者の生命に対する危険が大きいのですから、身体拘束の禁止と転倒事故の予防のような関係よりも、もう少しきびしい関係であると考えるべきなのかもしれません。たとえば、利用者の人格をできる限り尊重するために胃ろうの設置を回避したが誤嚥事故が生じてしまったという場合、胃ろうの設置を回避する以上、細心の注意をもって食事介助をすべきであり、漫然と見守ることが不十分であることは当然として、食事の提供方法に対する工夫、むせ込みが見られた場合の緊急措置や救急搬送体制に至るまで、相当程度にきちんと準備しておかなければならないように思います。

Q47 解説

1 回避義務違反がなかったとして責任を否定した裁判例

　ここでは、予見可能性があったものの、介護事故という悪い結果を避ける努力を尽くした（回避義務違反がなかった）として、事業者の責任が否定された裁判例を見ていくことにします。

　Q27は、高齢者ショートステイでの転倒事故に関する裁判例ですが、東京地裁は、「**本件施設の職員体制及び設備を前提として、他の利用者への対応も必要な中で、原告の転倒の可能性を踏まえて負傷を防ぐために配慮し、これを防ぐための措置を取ったといえる**」と結論づけて、事業者の責任を否定しました。その理由として挙げられた理由としては、次の4点が重要です。

① 　個室に離床センサーを取り付けて原告がベッドから動いた場合に対応することができる体制をつくっていたこと
② 　被告の職員が夜間そのセンサーが反応するつど、部屋を訪問し、原告を臥床させるなどの対応をしていること
③ 　被告の職員は、夜間、少なくとも2時間おきに定期的に巡回して原告の動静を把握していること
④ 　被告の職員2名は、本件事故直前のセンサー反応後、事務所にて対応していた別の利用者を座らせた上で原告の居室に向かっていること

　つまり、利用者の身体拘束をすることなく、転倒事故を予防しようとすれば、これらのような対応しかないだろうと思います。

　Q37は、障害者施設での転倒事故に関する裁判例ですが、横浜地裁は、「**被告は、知的障害者入所更生施設として、開放的処遇を通じて、利用者が通常人と同じ生活をしていくというノーマライゼーションの実現を目標にす**

る一方、病院と比較して人員も限られていることが認められ、Bさんに対しては、被告が施設運営基準に基づいて設定する人員配置において、可能な限りの安全配慮義務を負ったにすぎないものというのが相当である」とし、「夜勤の職員がBさんの問題行動を制止し得たとしてひとまず安堵するのはやむを得ないことであるし、Bさんは手をつながれ続けたり、つかまえ続けられたりすることを好まないのであって、これを行えばBさんにストレスが生じて新たな問題が生じる可能性もあるから、夜勤の職員が、さらにBさんの手を取ったり、腰に手を添えて付き添うなどして歩行を介助する義務があったとまで認めることはできない」と判断しました。

　以上のように、回避義務違反がなかったとして事業者の責任を否定した裁判例は必ずしも多くはありません。しかし、Q37の横浜地裁の判決のように、利用者の人格を尊重して処遇していくためには、常に事故の危険性がなくなるような行動を取るべき義務はないと判断されているのであって、これらは妥当な判断だと思います。

2 転倒事故の予防と身体拘束の禁止とを前提として論じる裁判例

　最近の裁判例には、転倒事故を避けるためにどうすべきかを論じるにあたって、身体拘束の禁止を前提として考えるものが増えています。たとえば、Q21の高齢者施設での転倒事故に関するものですが、福岡高裁の判決は、指定介護老人福祉施設の運営基準で身体的拘束その他入所者の行動を制限する行為を行ってはならないとされていることを補充的な根拠として、どのような対応が妥当であるかを検討しています。Q29の高齢者グループホームでの転倒事故に関する神戸地裁伊丹支部の判決も同様です。

　ただし、Q29の高齢者グループホームでの転倒事故に関する裁判では、身体拘束が禁止されているから対応は十分だと事業者が反論したのに対し

て、神戸地裁伊丹支部の判決は、いかに身体拘束が禁止されているからといって、漫然と注意していたというだけでは事故を避ける努力が不十分であったとして事業者の責任を肯定しており、そのような判断が妥当でしょう。また、**Q27**の大阪高裁の判決では、あたかも事故を避けるためには睡眠薬による身体拘束も有効であるかのようなことまで判示しているのであって、そのような判示は余計だったと思います。

なお、**Q22**の高齢者施設での転倒事故に関する裁判例では、事後対応に関する判断ですが、東京地裁の判決は、身体拘束の点について、「**拘束行為は緊急やむを得ずに行ったものであり、その態様及び方法も必要最小限度であるから、入所利用契約上の義務に違反せず、不法行為法上違法であるということもできない**」と判示しています。

3 誤嚥事故の予防と利用者の人格の尊重

転倒事故の予防と身体拘束の禁止とは高い関連性をもっているからこそ、**2**で述べたような裁判例が多いのですが、誤嚥事故の予防と利用者の人格の尊重とも高い関連性をもっているというべきです。なぜなら、嚥下能力が低下してくると、嚥下障害によって誤嚥死亡事故につながりやすいのですから、そのような誤嚥事故を予防しようとすれば、それらに依拠すべき必要性が稀薄な段階でも、利用者の人格を無視して、胃ろうを設置したり経管栄養の補給にしたりすることになりかねないからです。

そうだとすれば、誤嚥事故の予防においても、前倒し的に胃ろうを設置したりしないようにして誤嚥事故を予防するには、どのような対応が妥当なのかという視点を設けておくべきです。しかし、そのような視点で論じられた裁判例はないのではないかと思います。高齢者施設での誤嚥事故に関する**Q32**の裁判例には、そのような配慮はまったく見られないと思います。**Q46**で述べたように、誤嚥事故は、利用者の生命に対する危険が大き

いのですから、身体拘束の禁止と転倒事故の予防のような関係よりも、もう少しきびしい関係であると考えるべきなのかもしれません。たとえば、利用者の人格をできる限り尊重するために胃ろうの設置を回避したが誤嚥事故が生じてしまったという場合、胃ろうの設置を回避する以上、細心の注意をもって食事介助をすべきであり、漫然と見守ることが不十分であることは当然として、食事の提供方法に対する工夫、むせ込みが見られた場合の緊急措置や救急搬送体制に至るまで、相当程度にきちんと準備しておかなければならないようにも思います。

Q48

事後対応が不十分とされた裁判例

　われわれの施設では、日常的に事故予防の取組みを行っています。職員たちも熱心に介護事故を予防するにはどのようにしたらいいかを検討会を設けて議論しています。したがって、介護事故を避ける努力は十分に行っていると自負しています。しかし、われわれに日常的な過失は認められなくても、事故が発生していざというときには、若い職員たちが冷静に的確な行動を取ってくれるかまでは確信が持てません。介護事故そのものに関してわれわれの過失がないとしても、事故が発生した緊急事態でミスをしてしまうと、われわれは責任を負うことになるのでしょうか。

A　最近の介護事故の裁判例を見てくると、事故が生じた直後の対応に不手際があったから責任を負うべきだというものも多く存在しているように思います。確かに、日常的に介護事故予防体制を構築し、介護事故という悪い結果を避ける努力を尽していたからといって、いざ事故が発生してしまい、緊急事態に直面したときの対応が遅すぎた場合には、手遅れとなって重大な結果を引き起こしてしまいます。したがって、緊急の事後対応に不手際があれば、責任を問われてしかるべきでしょう。そのような責任を負わないようにするには、いざというときに何をどのような順序で行えばいいか、ただちにわかるような緊急事態マニュアルを準備しておくべきだと思います。

Q48 解説

1 事後対応が不十分とされた裁判例

　最近の介護事故の裁判例を見てくると、介護事故の予見可能性があったかどうか、介護事故という悪い結果を避ける努力を尽したかどうか、という過失をめぐる二つの論点で決着がついているものが多い反面、それらの二つの論点についてはともかくとして、事故が生じた直後の対応に不手際があったから責任を負うべきだというものも多く存在しているように思います。

　高齢者施設での誤嚥事故に関する**Q32**の東京地裁判決では、「一回目の急変後、Bさんの状態を観察し、再度容態が急変した場合には、直ちに嘱託医等に連絡して適切な処置を施すよう求めたり、あるいは119番通報をして救急車の出動を直ちに要請すべき義務を負っていたにもかかわらず、被告の介護職員らはそれらの措置を執らなかった」として義務違反を認めています。

　高齢者ショートステイでの誤嚥事故に関する**Q36**の横浜地裁川崎支部判決では、「（介護職員ら）は、誤飲を予想した措置をとることなく、吸引器を取りに行くこともせず、また、午前8時25分ころに異変を発見していながら、午前8時40分ころまで救急車を呼ぶこともなかったのであり、この点に、適切な処置を怠った過失が認められる」のであって、「速やかに背中をたたくなどの方法を取ったり、吸引器を使用するか、あるいは、直ちに、救急車を呼んで救急隊員の応急処置を求めることができていれば、気道内の食物を取り除いて、Aを救命できた可能性は大きいというべきである」と判断しています。

　障害者ホームヘルプ中の誤嚥事故に関する**Q39**の名古屋地裁一宮支部判

決では、担当ヘルパーが「異常事態の原因を自ら判断できなかったとしても、少なくとも、被告会社ないし被告代表者に対して連絡する程度の異常事態であったとの認識は持つべきであった」とし、「Ｂさんの異変に気づいた際に、被告会社ないし被告代表者に連絡を取るべきであったにもかかわらず、これを怠ったという過失が認められ、上記過失とＢさんの死亡との間には因果関係があるというべきである」と判断しました。

2 事後対応に関する準備体制

　確かに、日常的に介護事故予防体制を構築し、介護事故という悪い結果を避ける努力を尽していたからといって、いざ事故が発生してしまい、緊急事態に直面したときの対応が遅すぎた場合には、手遅れとなって重大な結果を引き起こしてしまうでしょう。したがって、緊急の事後対応に不手際があれば、責任を問われてしかるべきです。緊急の事後対応の点も、介護事故という悪い結果を避ける努力の一環ではありますが、日常的な結果回避措置と緊急事態での対応措置とは準備の仕方が違っていくはずです。

　そうだとすれば、事業者が最近の介護事故裁判例から学んでおくことは、
① 　介護事故が発生しないように日常的に事故防止の取組体制を構築しておき、介護事故という悪い結果を避ける努力を尽しておくこととともに、
② 　自らに過失がないにもかかわらず、介護事故という悪い結果が生じてしまった緊急事態において、利用者の生命等に重大な被害が及ばないよう、迅速かつ的確な対応体制も構築しておかなければならない
ということになるでしょう。

　緊急事態における対応措置については、事態に直面している職員は動転して冷静な判断を欠く場合が往々にしてありますから（たとえば、**Q39**における担当ヘルパーにはそのような動転した状況がうかがわれます）、いざと

いうときに何をどのような順序で行えばいいかただちにわかるような緊急事態マニュアルを準備しておくべきだと思います。

　マニュアルというと、丁寧かつ詳細な冊子をイメージすることが多いと思いますが、ここでの緊急事態マニュアルはそのようなものでは役に立たないと思います。筆者は、緊急事態にはフローチャート図のような視覚的に理解できるようなものが望ましいのではないかと思いますので、現場で苦労を重ねてきた事業者の方々から具体的な方法論は学ぶべきだろうと思います。

Q49

介護事故リスクマネジメントの方法

　介護事故に関する裁判例を見ても、日常的に介護事故予防に取り組んでおくことが必要だということはわかります。しかし、どのような点に着目して介護事故予防体制を構築していけばいいのか、まだよくわからないところがあります。法律的に見てポイントとなることはどのようなことなのでしょうか。

A　介護事故リスクマネジメントの目的は、利用者の自由を最大限に保障しながら、そう簡単には取り返しのつかないような事故が起きないようにすることにあります。介護事故リスクの特殊性は、利用者に内在するリスク要因の存在が大きいとすれば、リスクマネジメントの具体的な方法としては、利用者の状態を的確に把握し、利用者の尊厳を害しないような予防策を講じなければならないことになります。利用者の状態を的確に把握するためには、職員が把握している利用者の状態変化について職員間のコミュニケーションを密にすることによって知ることが重要なのではないかと思います。

Q49 解説

1 介護事故リスクマネジメントの方法

　介護事故リスクマネジメントの目的は、転倒事故を避けるために正当な理由のない身体拘束などをしたり、不顕性誤嚥事故を避けるために、不必要な胃ろうを設置したり、行方不明事故を避けるために、ノーマライゼーションの理念に反するような閉鎖的処遇をしたりすることなく、利用者の自由を最大限に保障しながら、そう簡単には取り返しのつかないような事故が起きないようにすることにあります。

　介護事故リスクの特殊性は、利用者に内在するリスク要因（加齢による足腰の弱り、嚥下の能力の低下、障害に基づく特殊な行動特性など）の存在と、介護事故の危険性に直結している利用者の尊厳確保の優先性にあるのだとすると、リスクマネジメントの具体的な方法としては、利用者の状態を的確に把握し、利用者の尊厳を害しないような予防策を講じなければならないことになります。利用者の状態を把握するにはどうしたらいいのか、利用者の状態把握を前提として事業者側が対応しうる方法には何がありうるのか、について具体的なデータに基づいて決定していかなければなりません。

2 利用者の状態把握

　利用者の心身がどのような状態にあるのかを知るためには、日常的な介護記録の記載や担当職員の感じている印象などを総合的に分析しなければなりません。利用者の心身の状態は日々変動しているはずですから、担当職員が感じている印象も非常に重要だろうと思います。しかし、われわれ

も経験しているように、毎日会っている人の変化には気づきにくいところがあり、むしろ、しばらく会っていない人のほうが変化に気づくことが多いものです。それは、変化が徐々に進むからにほかならないと思います。

したがって、担当職員が感じている印象とともに、直接担当していない他の職員のほうが利用者の変化に気づいているかもしれません。そうだとすれば、職員は、自分の担当している利用者について、他の職員から印象の変化などを聞く機会をもつことが必要だと思います。そのためには、職員間のコミュニケーション環境が日常的に保障されていなければなりません。現在の介護現場は非常に忙しいと思いますが、利用者の尊厳を守るためには、職員間コミュニケーションが不可欠なのではないかと思います。

3 事業者の取組み

利用者の状態把握を前提として、事業者側は何をすればいいのでしょうか。筆者は、この点について最も有効に情報を提供してくれるツールが「ヒヤリ・ハット報告」なのではないかと思います。「ヒヤリ・ハット報告」は、事故にはならなかったものの、ヒヤッとしたりハッとしたりした事実について、リスク情報を共有化しようとするものです。事業者側の経営環境においては、どこにリスク要因が潜んでいるかわかりにくいものです。「ヒヤリ・ハット報告」は、リスク要因を具体的な状況から推測させるツールなのです。

また、筆者は、「ヒヤリ・ハット報告」には、それを記載する職員に対する気づきのツールにもなっているのではないかと思っています。誰しもヒヤッとしたりハッとしたりした印象はぬぐいがたくもっているのですが、自分が利用者に対してどこでどういう時になぜ危険と感じたのかを後で文章化することは、組織全体でリスク情報を共有化するだけでなく、実際に文章化している職員本人に対しても、具体的なリスク要因を気づかせ

るきっかけになっていると思います。

4 事業者側の対応方法

　事業者側が介護事故のリスクに対応するために何をすればいいのかについては、利用者の状態を把握し、「ヒヤリ・ハット報告」によって浮き上がってきた事業者側のリスク要因を重ね合わせて、あらゆるリスク要因に対処することができるよう、組織全体としてシステム変更をしていくことになります。なぜ組織全体のシステム変更が必要なのかについては、順次詳しく述べていきたいと思いますが、介護事故は個々人の不注意があるだけで起きる問題ではなく、組織としてのシステムが不十分であるからこそ起きる問題なのだという理解が必要です。

　介護の現場で働く職員は、介護の専門家であるとともに、生身の人間でもあります。利用者のことを最優先で考えているとはいっても、家族があり、友人があって、離婚や破産、子どものいじめや親の介護などの具体的な問題を抱えた生活人であるわけですから、仕事に集中できない瞬間は誰でも抱えています。したがって、ヒューマン・エラーを避けることは不可能なのです。事業者側としては、職員たちのヒューマン・エラーが生じることを前提としてシステムを構築していかなければなりません。ですから、介護事故をシステムの欠陥として捉えて対応することは、利用者を守るとともに、職員を守ることでもあるのです。

Q50

介護事故リスクマネジメントの具体化

　介護事故のリスクマネジメントについては、抽象的にはわかったような気がするのですが、現実に介護の現場でどのような取組みを行っていけばよいのか今一つ実感がもてません。介護事故リスクマネジメントの具体的な取組みについて、参考になるようなものはないのでしょうか。

A　介護事故リスクマネジメントを具体化するには、利用者の内在的要因の把握を含めてリスク要因を分析し、どのような予防措置が最も適切かという態度決定をしていく作業になります。その具体化は、リスク要因によって千差万別であり、試行錯誤によらざるをえないのではないかと思います。筆者も現場での取組みに詳しいわけではありませんが、たとえば、「ヒヤリ・ハット・マップ」というツールを導入して、リスク要因の分析を行い、そして事故予防策の具体化にまでの検討材料にするという取組みが参考になると思います。

Q50 解説

1 ヒヤリ・ハット・マップという工夫

　介護事故リスクマネジメントを具体化するには、利用者の内在的要因の把握を含めてリスク要因を分析し、どのような予防措置が最も適切かという態度決定をしていく作業になります。その具体化は、リスク要因によって千差万別であり、試行錯誤によらざるをえないのではないかと思います。

　しかし、現場でさまざまな工夫をこらすことは可能だろうと思います。たとえば、ヒヤリ・ハット報告を取ってみても、いろいろと工夫して活用できるものだなと感じさせられた実例を挙げてみたいと思います。

　10年ほど前に、京都の保育所の方々だったと記憶していますが、事故報告書とヒヤリ・ハット報告書を共通の書式にして、書式右上に施設の白地図を記載したものをつくりました。この白地図をどうするかというと、報告書を記載するときに、事故時あるいはヒヤリ・ハット時のそのとき、保育士や職員がどこにいて、どの子がどこで事故に遭った、あるいは遭いそうになったかを書きこむのです。この地図を「ヒヤリ・ハット・マップ」と呼んでいたと思います。

　このヒヤリ・ハット・マップを使用することによって、どの子どもがどこの場所で危険な状態にあったかという基本的な情報とともに、職員がどこにいて当該リスクに対処することができなかったかという事業者側の情報が一目瞭然とわかります。

　たとえば、Aちゃんという子どもがお迎えの時間帯にジャングルジムから転落して怪我をしたという事故の場合を考えてみましょう。そのような事故が起きた場合、このマップに記入してみたら、たとえば、次のような事実が浮き上がってくることにもなります。

この事故の背景として、
① 見守り範囲が広い主任保育士がBちゃんのお母さんにつかまっており、そのお母さんの個人的な悩みごとの相談に対応していた
② 新人の保育士さんたちはお迎えの時間になって半分ホッとした状態で、週末の予定について話し合っていた
③ Aちゃんのお母さんはお迎えが遅い予定になっており、他の園児が次々と帰宅しているのに、Aちゃんはまだしばらく園にいなければならなかった

というような事実が出てきたとしましょう。このような記載が明確になっていれば、この事故の原因としては、
① 見守り範囲が広いはずの主任保育士さんがAちゃんを見守れる状態になかったこと
② 新人保育士さんたちがまだ仕事中であることを認識して、Aちゃんの見守りを忘れていたこと
③ 一人だけで遊ばざるをえなくなっているAちゃんは、自分の遊びにも集中できないまま、ジャングルジムにしか居場所がなかったこと

などが挙げられるでしょう。

2 ヒヤリ・ハット・マップに基づく対応策

以上のような原因の分析ができたのであれば、それに対する対応策を考えるのは、そう難しくないように思われます。まず、園全体の認識として、お迎えが遅い子どもたちが孤独に遊んでいる状況を回避するために、そのような子どもたちのために担当保育士を一人決めておくなどのシステム変更が考えられるでしょう。

次に、主任保育士さんが、Bちゃんのお母さんに対して、「今、子どもたちのお迎えの時間でバタバタしてお母さんのお話を集中して聞くことが

できません。改めて時間をお取りしますので、そのときにじっくりとお話しをお聞かせいただきますね」と話して打ち切るなどの方法も取るべきでしょう。さらに新人保育士さんたちには、お迎えの時間帯は子どもたちも浮足立っていたりするので、固まって話したりするのではなく、園全体にばらけて子どもたちの見守りをするように注意喚起するなどの方法も取るべきでしょう。

いずれにしても、一人一人の保育士さんが気をつけておくなどという抽象的な改善策を立てるだけでは、あまり効果はないと思います。なぜなら、保育士さんたちも当初からそのつもりで働いているはずだからです。問題は、そのような意識があるからといって介護事故を予防することはできないという点にあるのですから、そのような意識をもってもらうことが大事だとはいえ、最も大事なのはそのような意識を前提としたシステム変更にあるといえるでしょう。つまり、**Q5**でも述べたように、「運営システムの欠陥」があるから介護事故が生じるのであって、組織として「運営システムの改善」を行わなければならないということです。

3 ヒヤリ・ハット・マップの功罪

ヒヤリ・ハット・マップひとつ取って見ても、以上のようにいろいろなことが見えてくるに違いありません。ただし、ひとつ注意していただきたいことは、このようにして作成された報告書（ヒヤリ・ハット・マップを含みます）は、介護事故が裁判によって争われた場合、証拠提出命令等がなされたときには、証拠として法廷に出さなければならないことになりうるということです。ヒヤリ・ハット・マップによって一目でわかるほど、事業者側のシステムが機能していなかったことがわかるならば、その事故における事業者側の過失責任もはっきりします。そういう意味では、このヒヤリ・ハット・マップは両刃の剣でもあるのです。

しかし、このようなヒヤリ・ハット・マップをつくった京都の保育所の方々は、その点まで十分に認識して、この取組みを始められたと理解しています。現場で再度同じような事故リスクを生じさせないように、ヒヤリ・ハット・マップに基づいて確実な対応を行うという覚悟をもって導入されたのだろうということです。そのような現場の心意気こそが利用者の尊厳も守っているのだろうと思います。

　いたずらにリスクばかりを意識していたのでは、利用者や利用者の家族、ひいては地域社会における信頼関係は構築できません。究極的なリスクマネジメントは、信頼関係の構築にあるということを念頭に置いて、リスクマネジメント体制をつくっていただきたいと思います。

■索 引

【あ 行】

安全配慮義務　112
安全配慮義務違反　37
意思尊重義務　9
異食行動　48
一時性　64
医療同意　10
運営システムの欠陥　37
応諾義務　18

【か 行】

解雇の可能性　127
解雇権濫用の法理　126
介護事故とリスクマネジメント　42
介護事故と現場のトラブル　37
介護事故リスクマネジメント　262、266
介護者　105
介護保険サービス契約書　24
回避義務違反　253
過失相殺　168
家族による代理契約　7
家庭内虐待法制　105
虐待の定義　80
虐待の定義と現場のトラブル　99
虐待の防止と現場のトラブル　104
虐待行為への対応　96
虐待事件の再発防止法　105
虐待事件の事前予防　106
虐待防止法制の意味　105
休職制度　124
居住用不動産の処分　9

緊急連絡網　57
苦情解決制度　97
苦情解決責任者　98
苦情解決窓口　98
契約の拒否と現場のトラブル　14
契約の終了と現場のトラブル　29
契約の成立と現場のトラブル　3
現場担当者の責任　39
合理的配慮　119
高齢者グループホームでの転倒事故
　　　　　　　　　　　　　　169
高齢者ショートステイでの誤嚥事故
　　　　　　　　　　　　194、199
高齢者ショートステイでの転倒事故
　　　　　　　　　　　　157、161
高齢者デイサービスでの転倒事故　152
高齢者ホームヘルプ中の転倒事故　165
高齢者虐待への早期介入　88
高齢者虐待防止法　84
高齢者施設での誤嚥事故
　　　　　　　　　181、185、189
高齢者施設での転倒事故
　　　　　　　　　135、139、143
高齢者施設での転落事故　148
高齢者施設での入浴事故　173
高齢者施設での熱傷事故　177
個人データ　55
個人情報と現場のトラブル　52
個人情報取扱事業者　54
個人情報保護法の概要　54

【さ 行】

祭祀財産　30

祭祀承継者　11
債務不履行責任　39
残置物引取人　19
事業者段階の苦情解決制度　69
死後事務　10
事後対応が不十分　258
事後対応に対する準備体制　260
施設長の責任　40
施設内虐待　81
施設内虐待法制　105
市町村障害者虐待防止センター　93
児童虐待防止法　77
事務管理　8
社会福祉事業と個人情報　56
就業規則　123
重要事項説明書　23
準委託契約　30
障害者ホームステイ中の死亡事故　218
障害者ホームヘルプ中の誤嚥事故　213
障害者虐待防止法　91
障害者差別解消法　116
障害者施設での転倒事故　204
障害者施設での入浴事故　209
障害者施設での行方不明事故　222、226
障害者総合支援サービス契約書　25
使用者責任　39
職員の態度と現場のトラブル　70
職員の怠慢と現場のトラブル　125
職員の犯罪と現場のトラブル　129
職員の病気と現場のトラブル　122
事理弁識能力　4
人格の尊重と現場のトラブル　65
身上配慮義務　9
身体拘束の概念　63
身体拘束の禁止　255
身体拘束と現場のトラブル　60
推定的同意　11

生活困窮者自立支援法　107
正当な理由　18
成年後見開始審判　4
成年後見人による医療同意　10
成年後見人による死後事務　10
成年後見人による代理契約　8
切迫性　64
善管注意義務　10
相続財産管理の手続き　35
相続財産管理人　29
相続人不存在　32
相当因果関係　168

【た　行】

代位責任　40
第三者のためにする契約　7
第三者委員　69、98
代理監督者　41
知能検査法　5
懲戒解雇　131
　——の可能性　131
懲戒解雇事由　126
転倒事故の予防　255
特別縁故者　33
都道府県障害者権利擁護センター　93

【な　行】

乳児院での死亡事故　240

【は　行】

配置転換　124
長谷川式簡易スケール　5
判断能力の調べ方　5
ヒヤリ・ハット・マップ　267

ヒヤリ・ハット報告　264
ヒューマン・エラー　43
非代替性　64
必要かつ合理的な配慮　117
フットセンサー　139
プライバシーと現場のトラブル　47
プライバシー情報　56
福祉サービス契約の内容　23
普通解雇事由　126
不法行為責任　39
保育所での死亡事故　236
保育所での転倒事故　231
保有個人データ　55

【ま　行】

身元引受　15
身元引受人　14
身元引受人がいない場合　17
身元保証　15

【や　行】

養護者　105
預金の払戻請求権　32
予見可能性　247

【ら　行】

履行補助者　39
利用者の権利擁護　41
利用者の差別と現場のトラブル　115
利用者の暴行と現場のトラブル　111
労災保険　114
労働者に対する安全配慮義務　112
労務提供不能　123

【英　字】

DV防止法　100

■著者紹介

平田 厚（ひらた・あつし）弁護士／明治大学法科大学院教授

昭和35年5月、鹿児島県鹿児島市生まれ。昭和60年3月、東京大学経済学部経済学科卒業。昭和62年11月、司法試験合格。平成2年4月、弁護士登録。平成8年9月、ベルギー・ルーヴァンカソリック大学留学。平成16年4月、明治大学法科大学院専任教授就任（民法担当・現職）。平成24年1月、日比谷南法律事務所設立。

【主著】『プラクティカル家族法』（日本加除出版、2014年）、『社会福祉学事典』（共著、丸善出版、2014年）、『現代の社会福祉100の論点vol.2』（共著、2012年、全社協）、『成年後見制度を巡る諸問題』（共著、新日本法規、2012年）、『学びを深める福祉キーワード集』（共著、全国社会福祉協議会、2011年）、『権利擁護と福祉実践活動』（明石書店、2012年）、『虐待と親子の文学史』（論創社、2012年）、『親権と子どもの福祉』（明石書店、2010年）、『福祉サービス契約と権利擁護』（東社協、2010年）ほか多数

福祉現場のトラブル・事故の法律相談Ｑ＆Ａ
（ふくしげんば）　　　　　　　（じこ）　（ほうりつそうだん）

2015年5月25日　発行

著　者	平田　厚 ⓒ （ひらた　あつし）
発行者	小泉　定裕
発行所	株式会社 清文社 東京都千代田区内神田1-6-6（MIFビル） 〒101-0047　電話 03(6273)7946　FAX 03(3518)0299 大阪市北区天神橋2丁目北2-6（大和南森町ビル） 〒530-0041　電話 06(6135)4050　FAX 06(6135)4059 URL http://www.skattsei.co.jp/

印刷：㈱光邦

■著作権法により無断複写複製は禁止されています。落丁本・乱丁本はお取り替えします。
■本書の内容に関するお問い合わせは編集部までFAX（03-3518-8864）でお願いします。

ISBN978-4-433-55305-0